终结拖延症的49种方法

海韵·著

中国纺织出版社

内 容 提 要

拖延虽不是严格意义上的生理疾病，但严重的拖延却会对个体的身心健康带来消极影响，会导致人产生强烈的自责情绪、负罪感、不断的自我否定，同时伴有焦虑、抑郁等心理问题。这本书一改往日的理论说辞，直接针对有拖延毛病的人群最容易出现的49种现象，提出针对性的解决策略。读者在任何时间段、翻开任意一个小节，都可实现独立阅读，有所收获，非常适合现代人的阅读习惯。

图书在版编目（CIP）数据

终结拖延症的49种方法／海韵著. —北京：中国纺织出版社，2019.1（2019.7重印）

ISBN 978-7-5180-5442-8

Ⅰ.①终…　Ⅱ.①海…　Ⅲ.①时间—管理—通俗读物　Ⅳ.①C935-49

中国版本图书馆CIP数据核字（2018）第226091号

策划编辑：郝珊珊　　责任校对：武凤余　　责任印制：储志伟

中国纺织出版社出版发行

地址：北京市朝阳区百子湾东里A407号楼　邮政编码：100124

销售电话：010—67004422　传真：010—87155801

http：//www.c-textilep.com

E-mail：faxing@c-textilep.com

中国纺织出版社天猫旗舰店

官方微博http：//weibo.com/2119887771

天津千鹤文化传播有限公司印刷　各地新华书店经销

2019年1月第1版　2019年7月第2次印刷

开本：710×1000　1/16　印张：12.5

字数：108千字　定价：39.80元

前言

俄罗斯作家陀思妥耶夫斯基说：“一个人想要征服全世界，首先要征服他自己。”

何谓征服？就是学会自控，成为自我的主宰。当我们具备了自控力的时候，就能够正确及时地做那些该做的事，表现出该有的状态。否则，其他的力量——可能是坏习惯，或是他人，抑或是周围的环境，就会趁虚而入，直接对我们进行控制。

拖延，就是自控力缺失的一种表现。相关资料显示，在大学生中，大约有70%的人有拖延习惯，只是程度有所不同；成人中有25%的人存在慢性拖延问题；另外，有95%的人希望能改掉他们的拖延恶习。

这样的情景，对你来说可能并不陌生：打开了一天却只字未写的Word文档，邮箱里堆积如山的未读邮件，电脑里迟迟没有更新的数据，昨天用过还没洗的杯子赫然摆在办公桌最显眼的位置……你找各种理由为自己辩解，把需要处理的事一拖再拖，总是嚷嚷着“时间不够用”，而时间却都浪费在上网和发呆中。

拖延不是严格意义上的生理疾病，却会严重地影响生活，给人的心理带来负担。我们的情绪、态度、能力都是有可能导致拖延的因素，而内心的不确定、完美主义的心结、害怕承担结果的懦弱，又都是人性中不可避免的弱点。

面对这一系列的难题，我们该如何借助自身的力量与拖延抗衡呢？

翻开这本书吧！你会瞥见熟悉的影子，看到类似的情景，但也会找到应对的策略。在一天中的任何一个时段，随意打开任何一个小节，无须前后对照，你都可以有所收获。书中介绍了拖延症患者最容易犯的49种现象，也提供了49种解决方法，可谓一本精简的实用手册。

每一场拖延的斗争，都是与另一个自己和解的过程。战拖不易，但请慢慢来。

目录

方法1　任何事情都别想着速成，贪吃的胖子不可能一夜暴瘦 | 001
方法2　从你能做到的事情入手，一步步脱离舒适的圈子 | 005
方法3　接受冒险和博弈，对后果负责是逃不掉的必修课 | 009
方法4　趁早放弃幻想，根本没有“万事俱备”的时刻 | 013
方法5　经常敲打一下自己，免得让懒惰在身心里扎根 | 018
方法6　决定做一件事后，天大的问题也要为此让路 | 022
方法7　让生活有点“奔头”，才能远离浑浑噩噩的状态 | 027
方法8　离懒散的人远点儿，人是会接受暗示的动物 | 031
方法9　坚持再坚持，跨过让你痛不欲生的临界点 | 035
方法10　所有的拖延借口，都是会被识破的口是心非 | 038
方法11　习惯说“做不到”的人，往往是把自己看扁了 | 042
方法12　如果你自己不认输，没有谁能让你投降 | 046
方法13　与其浪费时间去想“如果”，倒不如多想想“如何” | 050
方法14　想翻过一座墙的时候，记得先把帽子扔过去 | 053
方法15　凡事记得是为自己而做，就不会把责任视为包袱 | 057

方法16 第一次就把事情做到位，完全可以避免越忙越乱 | 062

方法17 伟大也有微不足道的开始，平凡的积累就是不平凡 | 065

方法18 脑子里有一万个想法，也抵不上一个切实的行动 | 068

方法19 任何时候都不要有“等会儿再做”的想法 | 072

方法20 当时就把经手的问题解决掉，以最快的速度去做 | 077

方法21 允许自己失败，曲线式的人生才是常态 | 081

方法22 无关紧要的东西，完全没必要吹毛求疵 | 085

方法23 人不能背叛自己，接受不完美的真相 | 089

方法24 转变做事的态度，把“我应该”换成“我想” | 093

方法25 调整对完美的认知，放弃无谓的固执 | 096

方法26 人永远跑不过时间，但可以合理利用时间 | 100

方法27 遵循四象限法则，把时间用在重要但不紧迫的事情上 | 103

方法28 不是所有的付出都有回报，人得学会聪明地工作 | 108

方法29 充分利用并放大一天中最好的黄金时间 | 112

方法30 生命是时间积累而成的，零碎的时间也别轻易浪费 | 116

方法31 把deadline往前提一下，给自己制造紧迫感 | 120

方法32 切忌走一步算一步，没有计划的行动会一团糟 | 125

方法33 把每天要做的事情列一个任务清单 | 129

方法34 同样的一件事情，可以换一种方式去做 | 133

方法35 决定开始做事的那一刻，排除一切杂念与干扰 | 138
方法36 有了明晰的目标，就有了抗击拖延的动力 | 141
方法37 把大目标拆分成小目标，你会更容易坚持 | 146
方法38 把注意力放在自己身上，少去帮忙照看别人的“猴子” | 150
方法39 学会自造绝境，不给自己留任何退路 | 153
方法40 少用负面的字眼，用积极肯定来给予自己力量 | 157
方法41 忠于自己真实的感受，不要用外因把拖延合理化 | 161
方法42 成功克服一次拖延，及时给自己一点奖励 | 164
方法43 把自己想象成不拖延的人，你就开始朝这个方向走了 | 168
方法44 生活不能由着性子来，每天做点自己不愿意做的事 | 172
方法45 拖延不一定是因为懒，但是懒一定会导致拖延 | 176
方法46 别贪恋熟悉的奶酪，到“最优焦虑区”去挑战自己 | 179
方法47 拖延是虚幻的避风港，真正的暴风雨依然会来袭 | 183
方法48 克服恐惧的办法很简单，行动起来就不会害怕了 | 187
方法49 犹豫不决的人，永远找不到最好的答案 | 190

方法1 任何事情都别想着速成，贪吃的胖子不可能一夜暴瘦

【拖延者自白】

时间充裕的时候总是没有做事的动力，总是到火烧眉毛了，才能迸发出聚精会神、全力以赴的状态，这是怎么回事？

有些人习惯把事情拖到最后一刻，在紧迫的状况下，聚精会神、全力以赴地行动，把加班干活当成一种刺激，因为平常的散漫劲儿没有了，在某一刻甚至觉得自己变身成了那个理想中的自己。

某公司的数据统计员N，她的工作周期是每个月做两次数据统计。这就意味着，她必须在两周的时间里完成一次数据的更新与维护。N最喜欢每次周期开始的时候，因为不用像其他人一样紧绷着神经，她有两个星期的时间去做这件事，完全可以把节奏放得慢一点。

就这样，在周期之初，她总是悠着做，觉得这种工作方式很轻松。可是，拖来拖去，就到了周期末，这时她才发现时间不够用了，心里一边咒骂时间过得快，一边熬夜干活。最后，踩着时间的最后节点完成了手里的工作，还在心里感叹自己是一个“天才”。

还剩一点儿就完成了，我真是个天才！

对于这种热衷于跟时间赛跑的人，美国特拉华州大学的心理学家朱克曼为他们创造了一个词语——寻求刺激。他说：“这类人需要肾上腺素迅速上升带来的刺激感，宣称有压力才有动力，在高压下做事，才能获得这种刺激感。事实又如何呢？他们在有限的时间里，根本没法很好地完成任务。”

拖延存在一个习惯性的怪圈：一项任务降临时，拖延者的内心总是充满了自信，觉得自己肯定能做到。随即就开始拖延，拖到了最后，发现很多想法都来不及落实了，只能为了完成任务而完成任务。即便是完成了，也不尽如人意，其中自然也就少不了漏洞和瑕疵。

对于这样的现象，朱克曼教授解释说：“你一次又一次地推迟完成任务，直到越来越接近最后期限，你错误地认为，这是最好的完成任务的方法。在推迟完成任务时，你所经历的任何一种情感上的满足并不是你继续拖延的动机所在。相反，你所经历的‘刺激’感是在时间所剩不多的情况下，匆忙赶工而产生的一种焦虑感，这种情感是由于拖延所产生的结果，而非原因。”

美国德保尔大学著名的心理学教授、美国心理学会拖延症研究的主要研究者约瑟夫·费拉里在其著作《万恶的拖延症》中，讲述过这样一件事。

伦敦某家主流报社，通常要求记者们周一上报自己的选题，周二则召集12个部门的编辑们共同召开会议，选出这一周最为满意的主题。这12个部门彼此之间是竞争对手，在会议上，编辑们像疯了一样毫无理智地抨击其他人的构想，批判得一无是处，不是说构思老套，就说想法愚蠢，似乎只有自己的构想最靠谱。

报社里一位名叫约翰的记者告诉费拉里，这样的争吵几乎每周都会发生，而且要一直拖到周五才能选定出哪个构思最合适。通常，周一交上来的50篇初稿中，大概只有9篇稿子能胜出。然后，这些记者为了能够赶上周日的出版，就得在有限的时间里拼命地赶稿。时间如此紧迫，根本就没有任何修改稿件的工夫，刊载出来的东西，那就可想而知了。

费拉里还表示，他常常听到一些学生们念叨“有一篇文论或是研究项目第二天要交了”。他对此给出的解释是：“有哪个导师会让学生们在一两天之内完成一篇优秀的专业论文，或是一个研究项目的呢？真相是，这些学生大多都有拖延的习惯，他们以为在有限的时间里，自己能够做得最好。”

拖延的人总是把拖延变成一种压力，认为有压力才会有动力。虽然在最后一刻完成任务会给人带来某种快感，虽然在很短时间里完成本来需要更多时间去完成的工作量的事实让人感到“自信”，但那终究不是长久之计。因为，它会不由自主地强化“自己适合高压的工作状态”的心理，而对今后的工作态度产生暗示，让自己的生活和工作变成一个恶性循环。

不管是寻求刺激，还是制造压力，都只是拖延的借口。如果不根除症结所在，就只能在拖延中奋战，在压力和焦虑以及熬夜的坏习惯中受到折磨。最终的结果，不是工作效率低，就是做事不精细。这就好比，一个贪吃的胖子不可能一夜暴瘦，很多事都是循序渐进的，稳扎稳打、按部就班，这才是良策。

方法2 从你能做到的事情入手，一步步脱离舒适的圈子

【拖延者自白】

明明知道自己该做什么，该怎么做，可一想到那漫长的过程，以及遥远的结果，心里顿时就泄气了，只好不断地往后拖，跟自己做思想斗争。

当你意识到应该去做某件事，可心里又有了拖延的念头，这个时候，你通常都在做什么？

让我猜一猜，你可能会告诉我：坐在那里一动不动。

为什么要待在那里一动不动，任由思想挣扎呢？很简单，因为一旦要动的话，就必须告别此时此刻的惬意。现在这么舒服，谁要去做那些痛苦的事呢？潜意识里越是这样想，人就越懒得动。

姑娘V下定决心减肥已经不是一次两次了，看着体重秤上的数字，内心不由自主地感到一阵恐慌。她知道，再这样下去，已经不是胖瘦美丑的问题了，而是会严重影响到身体的健康。按照目前的情况来说，她至少要减掉40斤的体重，才能恢复到正常状态。

减掉40斤！这个目标光听起来就那么吓人，要戒掉高热量的食物和甜品，还要迈开腿做累人的有氧运动，想到那个过程，心里就无比地厌烦，谁不知道坐在沙发上看电视、吃零食是最舒服的？V感觉身体里有两个自己在打架，一个自己在说："赶紧减肥吧！你不能这样下去了。"另一个自己说："减肥太辛苦了，也不知道会不会成功，就算能成功，可至少要坚持一两年，太辛苦了。"

就这样，V一直做着思想斗争，偶尔挣扎着做了一次尝试，下一次依然会拖延。她不是不知道问题所在，也不是不知道该做什么，以及怎么去做，可就是抵抗不过一个字——懒。

设计师S也是一个严重的拖延症患者。周五那天，他接到领导安排的新任务，要求下周二早上递交一份策划文案。他想着时间尚早，不用太着急。到了周日晚上，他坐在沙发上玩手机，想起策划案还一个字都没动，心里突然有种焦灼感。

S知道，自己应该去构思方案了，否则单靠周一的时间，恐怕不够。道理都懂，可他就是不想起身，呆坐在沙发上，跟自己的懒惰和拖延做着思想斗争。

你是不是也遇到过类似的情况？或者说，V和S刚好映射出了你的现状？

这时，我们应该怎么做呢？如果让你直接从电视机前站起来，跑到书房去工作，你多半不太愿意，甚至还会产生逆反心理。别急，让我们听听日本心灵作家佐佐木正悟的建议吧！

毋庸置疑，从关掉电视到投入运动或工作，这两个动作需要很大的心理跨度。对于拖延症患者来说，这太难了！这时，我们先关掉电视，不要去想接下来干什么，也别想着“该运动了，该工作了，关掉电视吧”，更不要有马上就要做痛苦的事情的念头。

为什么呢？因为，当你的思维被这种消极的念头占据时，你就再也无法动弹了。别忘了，趋乐避苦是人的本性。简单一点，把你的思维放到“关掉电视”这个动作上，抛开其他的想法。这样，你就从舒适、快乐的状态中迈出了第一步。只有离开沙发，把自己置于一个中立的位置，你才能够去做接下来要做的事。

佐佐木正悟认为，往大了看，往长远看，多数人总是沉溺于现状，逃避现状之外的事物，所以很难改变。为此，他提出了一个办法，在维持现状的状态下循序渐进地改变。

怎么解释呢？就拿跑步来说，你讨厌有氧运动，那不妨先离开椅子，到外面走走。当走路成为一种习惯时，再去接受跑步这件事，就能逐渐改变现在的行为模式。

简单来说，就是不要想着速成，更不要希冀马上看到结果。先从安逸的现状中迈出一小步，脱离那个舒适的圈子，就能给自己带去动力和希望。哪怕这一步很不起眼，但总胜过原地踏步，在拖延和懒惰中“溺死”。

方法3 接受冒险和博弈，对后果负责是逃不掉的必修课

【拖延者自白】

我知道人生该自己做主，可对那些不确定的事，我很害怕一个人做决策，万一真出了什么问题，我怕自己承担不起那份责任。

提到莎士比亚笔下的悲剧性人物，哈姆雷特绝对算得上是一个典型。

“生还是死，这是个问题。”

“是不是应该向我的继父，也是我的叔父报仇雪恨？他杀死了我的父王，奸污了我的母亲。”

在精神病学家眼里，哈姆雷特是优柔寡断性格的代表人物。我们的生活要经历各种各样无法预知结果的事，到底是采取行动还是保持原样，哈姆雷特映射出了现实中不少人的影子。很多时候，人拖延着不做某个决定，不执行某项任务，并非真的没有想法和倾向，只是不敢去做那个决策。

人生中不可避免会遇到这样的情况，没有妥善处置的小决定，最

后变成了超过自己能力范围的重要决定；过去选错了工作、选错了伴侣，之后为此付出了巨大的代价。做决定是一件需要勇气的事，因为它面临着未知的风险，于是拖延就成了避免责任和犯错的一种方法。

职场新人T，对工作非常认真，老板交代的任务，他总是用心去做。每次递交结果的时候，他总会拿出三四套不同的方案给老板，并把各项方案的优缺点做一个全面的分析，但自己从来不说认为哪一种方案更好。

起初，老板觉得T做事挺勤快，颇为欣慰，并未察觉有不对劲的地方。可渐渐地，老板意识到一个问题，明明是交给T做方案，自己的工作量却比原来多了。他要花费1小时的时间听T讲述所有方案，这段时间完全都能跟老客户谈一笔生意了。待T介绍完之后，他还要进行对比，判断哪一种方案比较好，或是在哪儿进行修改。

考虑到T是一个新人，老板也没有多说什么，只是指出了这个问题，希望他能做出调整。但是，T还是跟从前一样，只是把过去的三四套方案改成了两套，让老板做比较。这个问题让老板很是头疼，甚至开始考虑是否要继续雇佣这个员工。

生活中的T也是一个回避作决策的人，就连看电影、买东西这样的事，也喜欢让别人替自己拿主意。他这么做的目的是什么呢？

心理学家沃尔特·考夫曼早就说过："患有决策恐惧症的人，通常不会自己作决定，而是让别人替自己来决定。这样的话，他们就不用对后果负责了。"仔细琢磨这句话，会发现它说的就是事实。

有决策拖延的人总认为，只要不作决定，就不会犯错。对于T来说，如果自己只交一份策划案给老板，万一老板不满意，或是直接被客户退回来，他就得承担责任；如果他多交几套方案让老板选择，最后就算客户不认同，那跟他也没多大关系，大不了就是退回来修改一下。

拖延着不作决策，把决策的权利交给他人，责任就被转嫁到他人身上了。看起来，这好像是一个很"聪明"的做法，但其实这是一个再糟糕不过的行为。从工作方案到人生大事，拖延着不做出决定，不过是暂时回避了那个问题，但最终这会给自己的人生带来巨大的损失和痛苦。

生活是一场人人都得参与的比赛，必须加入，也必须成为赢家。

冒险和博弈，是生命的重要组成。做决策是一种挑战，也是必经的经历。有可能你会说："我可以晚一点再作决定，我还年轻，不需要冲刺，我可以用大把的时间来学习、投资、结婚、生子……等我做完了这件事或那件事，我再来做这个决定。"别忘了，人生不是无限的，一直拖延着，你真的可能会虚度一生。

人生本就是各种选择和决定串起来的，人之所以为人，就是因为我们有能力决定自己想要的东西。一个没有担当的勇气、没有明确的目标的人，注定会变成懦弱、没有主见的傀儡，因为你把自己与生俱来的决策能力和权利全都放弃了。哪怕是做错了、失败了，那也总比不作决定要好得多；就算是爱过又失去了，那也比从来都没有爱过要好得多。

方法4 趁早放弃幻想，根本没有“万事俱备”的时刻

［拖延者自白］

我脑子里有不少的想法，但总是不敢去做，生怕有考虑不周的地方。我总安慰自己说，再等等吧。其实，我也不知道，等到什么时候才是真正的“时机成熟”？

在感情的圈子里，我们总能看到一大把优质的男女，各方面条件都没得说，可偏偏就是“遇不见”合适的人；在事业的圈子里，我们又能找出一大堆优质的青年，身上有突出的特长，绝对可以有望成为出类拔萃的人才，可偏偏待业在家，“找不到”合适的工作。

对于现状，他们也有自己的说辞，那就是不愿意将就。诚然，有自己的坚持和立场是对的，但如果这份坚持包含着太多“理想化”的成分，甚至有点吹毛求疵，就有必要自省一番了。

Y是一个满怀斗志的青年，从走进职场的那天起，就认定自己会有一番作为。可真到了实践中，他给老板留下的印象却是拖泥带水、效率低下。理想和现实的差距就是这么大，从内心来讲，Y是很渴望

评价表
拖泥带水
效率低下

把每件事都做到完美无瑕的。可随着工作的进展，他总是会在某个环节中发现不尽如人意之处，无论事大事小，他都会停下来，想办法解决掉这个瑕疵，再进行下一步。有时候，一个不太重要的地方也会让他耗费上一天的时间，可想而知，效率自然会降低。

在想法还不太成熟的时候，Y不会着手开始工作，他总是说：“再等等，准备得还不够充分。”试问：完全准备充分的时刻存在吗？工作的实质，不就是不断地遇到问题、解决问题吗？拖延着不去做，就一定能等来完美的结局吗？

对此问题，美国芝加哥德保尔大学心理系副教授拉里曾经说过：“某些拖延行为其实并不是拖延者缺乏能力或努力不够，而是某种形式上的完美主义倾向或求全观念使得他们不肯行动，导致最后的拖延。他们总在说：‘多给我一点时间，我能做得更好。’”

完美主义型的拖延症患者，通常都有两个弊病。

◎做事过于注重计划，忽略真正的可行性

人不是计算机，不可能每天都按照严格的程序走，就算计划做得再详尽、再具体，无法落实到行动中，也是废纸一张。

◎遇到一点挫折，立刻就想放弃

完美主义者是最害怕挫折的，只要遇到麻烦，就好比被拦腰截断了一样。有时，哪怕偶尔一次睡过了头，晚起了一小时，他们都会觉得无法执行计划了。其实，那一点点“瑕疵”，算得了什么呢？集中精力去做，完全可以弥补回来，可别因为一粒芝麻就丢掉整个西瓜，那才是想不开。

如果非要把每一件事都做到滴水不漏、完美至极，那么很有可能什么事都做不出来。当你不停地苛求一件事情时，总会出现更多的事情需要你去做。然而，你此时多半会放弃去做这件事，因为太想把它做得完美的心愿会让这件事变得烦琐而吓人。

完美主义型的拖延症患者“有救”吗？答案是，当然“有救”。我们在后面会详细谈到解决策略，在此借用Bill Knaus博士在写给《今日心理学》的话做个概括：如果你是一个完美主义者的话，你要做的就是在每次被完美主义拖延时告诉你自己“打住！”

别总是去探寻一条最好的、永远不会出差错的路，也别企图找寻处理一件事情最正确和最省力的做法。在这个世界上，从来都没有最完美的路，只有最适合自己的路。这条路、这个方法也不是凭空想出来的，而是走出来、做出来的。

那么，要如何才能杜绝“万事俱备再行动”的症结呢？

◎事先预料各种困难，做好充分的心理准备

每一个冒险都会带来困难和变化，正所谓“计划赶不上变化”。即便你这一刻考虑得很周祥，计划得很缜密，也无法准确预测到最后的解决方案，过程中依然会有意外发生。所以，做好迎接困难的心理准备，然后果断地行动起来。

◎在行动的过程中，不断地修正方案

任何人都无法在行动前解决掉所有问题，聪明的人往往是在行动的过程中不断地修正方案，遇到麻烦积极地想办法解决。沉浸在幻想中会让人心生无限的恐惧，而行动本身却会给人带来巨大的信心和力量。

◎现在就行动，不要再用任何借口来拖延

如果你希望自己是积极的，就要摆脱“万事俱备”的枷锁，立刻投入到行动中。也许刚开始的时候会有些难，可当你养成了“马上行动”的习惯后，就掌握了成功的秘诀。

总而言之，不要等万事俱备后再去做，世间永远没有绝对完美的事，也没有万事俱备的时候。当你酝酿出梦想的那一刻，如果没有“立刻行动”，那么你就可能与梦想失之交臂。

方法5 经常敲打一下自己，免得让懒惰在身心里扎根

【拖延者自白】

早就知道自己身上有很多问题，可总是懒得去改，潜意识里觉得都还有时间，没必要即刻就去做，也不是什么大不了的事。就这样，几年过去了，再看身边的人，大都有了不小的变化，原本以为自己只是停留在原地，猛然发现在不知不觉中已被人甩了好几条街。

说到懒，很多人不以为然，总觉着不过是习惯上的小毛病，出不了什么大乱子。懒的结果不外乎就是，房间乱了点，衣服脏了点，人邋遢了点，做事拖了点……偶尔咬咬牙，也能变勤快。

不可否认，懒惰是人的天性，任何人身上都不可避免地存在惰性，只不过有的人自控力强，有的人自控力弱。但有一点我们必须认清楚，懒惰是本能，但不可小觑，一旦丧失了自控力，让懒惰和拖延跑到一起，有些结果可能超出你的预料。

L从军校毕业后，分配到某看守所做狱警。他不喜欢这份工作，内心充满了怨忿，态度也很消极，能不做的事情就不做，领导没安排的任

务他也不会主动承担，就算是安排到自己头上的工作，也是拖着做。

某个周末，犯人赵某的妻子来探监，她告诉赵某，他们的女儿出车祸去世了。赵某情绪波动很大，监狱长让L尽快找时间跟赵某谈谈，疏导他的情绪，以防发生意外。L没当回事，因为各种琐事拖着没办。一周之后，当他想起这码事，来到重刑监区准备找赵某谈谈时，才得知赵某在两天前自杀了。

你能想象得到，就因为懒惰拖延，会让一个生命戛然而止吗？或许，多数人都不曾意识到，当懒惰这一坏习惯蔓延开时，我们会不分轻重地拖延，总是心存侥幸地认为没事，却忘了有多少意外都是因为疏忽大意酿成的。

英国圣公会牧师伯顿，同时是一位学者和作家，他在《忧郁的剖析》中写道："懒惰是极为严重的坏习惯，再聪明的人，如果有懒惰的毛病，都是非常不幸的，他最终会被懒惰打倒，成为制造恶行的人。懒惰控制着他的思想，在他的心中劳动和勤劳是没有一席之地的。此时他的心灵就像垃圾场，那些邪恶的、肮脏的想法，会像各种寄生虫和细菌一样疯狂地生长，让他的心灵和思想变得邪恶。"伯顿还总结说："不管是男人还是女人，如果让懒惰控制了内心，那么他们的欲望将永远不能得到满足。"

是的，懒惰的杀伤力和覆盖面，远远超乎我们的想象。

懒惰的人，对工作不可能富有激情，更谈不上责任心，只会得过且过、混一天算一天。

懒惰的人，在人际关系上也是一塌糊涂，明明是自己的问题，却要拉着别人一起来承担。任何关系如果无法建立在互惠的基础上，都是难以长久的。当你的懒惰变成了自己和他人的绊脚石，还有谁愿意与你同行？

懒惰的人，在感情路上也会屡屡受挫。爱情也好，婚姻也罢，都是需要用心经营的。你习惯性地犯懒，把所有的家务和压力都置于对方的身上，再好的感情也会被压垮，再乐意付出的人也会失落，付出总是需要得到一些回报，才有勇气坚持下去。

曾有人问一位在寺庙修行的僧人："为什么念佛时要敲木鱼呢？"

僧人说："名为敲鱼，实则敲人。"

那人不解，追问道："为什么是鱼而不是其他动物呢？"

僧人大笑，答道："鱼是世界上最勤快的动物，它每天游来游去，眼睛一天到晚都要睁着，连勤快的鱼都要这样时时敲打自己，更何况是懒惰的人呢？"

生活中的很多灾难，不是别人酿造的，也不是老天刻意地为难，而是自身的惰性习惯所导致的，那就是懒得做任何改变。要战胜拖延，就得先从心理和行动上克服懒惰。如果懒惰的情绪一直存在，人就会处于一种空想的状态，做什么事都会觉得"懒得动"。

从现在开始，不要再把懒惰当成小事，当你放任了它的随意，它就会在你的身体和思想中扎根。懒惰的人还有希望改变，知而不行的人则是无可救药。记住歌德说的话："我们的本性趋向于懒怠，但只要我们的心向着活动，并时常激励它，就能在这种活动中感受到真正的喜悦。"

为什么念佛时要敲木鱼呢？
名为敲鱼，实则敲人。
为什么是鱼而不是其他动物呢？
鱼是世界上最勤快的动物，连鱼都要时常敲打更何况是人呢？

方法6 决定做一件事后，天大的问题也要为此让路

［拖延者自白］

三分钟热度是我最大的短板，我一直都在思考，怎样才能摆脱这个毛病？

斯坦福大学教授凯利·麦格尼格尔小时候最喜欢看他的父亲绘画和泥塑。

他的父亲没有拜过师学艺，但在绘画和泥塑方面很有天赋，且完全是自己琢磨出来的。如果不是有极强的意志力和对生活的乐观态度，很难想象他的父亲如何能在屡屡失败后依然坚持不懈地做下去。

有一次，父亲趁着做完工作的间隙，准备创作一件泥塑作品。万事俱备后，父亲开始动手。这时，隔壁宿舍的几个工友在大声聊天，天南海北地聊着，说着各种有趣的段子。父亲很感兴趣，就暂时停下了手里的活，偷偷地在自己的宿舍里听。等他醒悟过来打算继续创作泥塑时，却发现那份灵感已经荡然无存，那件作品也就没能完成。

这件事给他的父亲带来了启发，他告诉凯利·麦格尼格尔：“当

没灵感了！

你决定做一件事情，千万不要被外力影响。因为你决定了，说明你已经深思熟虑、考虑周详了，那么首要的任务就是坚持不懈地去完成，天大的事情也要为此让路，要不然你可能会失去宝贵的东西。”

多么宝贵的箴言和忠告啊！现实中，很多人给自己设定了多个目标和计划，今天想学绘画，明天想学英语，后天想坚持运动，到最后却发现，没有一件事是做完的。刚开始时还有一股新鲜劲儿，能坚持早起、坚持看书、坚持锻炼，可三天之后，惰性就开始冒泡了，纵容着自己一点点地偷懒，今天该看的拖到明天，明天该做的拖到后天，到最后索性就不做了。

突然有一天，回首过往的岁月，才发现自己没有完整地学会任何一项业余技能，也没有在事业上做出什么成绩。日子就在平庸中流过，人也变得越来越迷茫，越来越没有自信。

很多人都在问，要如何改掉三分钟热度的毛病？

面对懒惰、面对拖延、面对诱惑，多数人都忽略了一个耳熟能详的词语——专注！

比尔·盖茨最聪明的地方在哪儿？不是他做了什么，而是他没做什么。以比尔·盖茨的实力，他可以买下纽约，可以去做房地产，但他专注于计算机操作系统和软件的研发，而不被市场中的其他诱惑吸引。想要提升自控力，打败三分钟热度，就得培养专注力。

那么，要如何培养我们的专注力呢？

◎充分运用积极目标的力量

给自己设定一个自觉提高注意力和专注力的目标，你会发现，在很短的时间里，你集中注意力的能力会得到迅速提升。从现在开始，你要告诉自己：我比过去善于集中注意力。无论做什么事，一旦开始，就要迅速地排除干扰。比如，你今天要写一个方案，那就要求自己高度集中注意力，把这件事情完美地解决。

◎找到自己真正感兴趣的事

你可能也有这样体验：看一场喜欢的电影，读一本喜欢的书，玩一会儿喜欢的游戏，时间似乎过得特别快。而这个过程中，你的内心会很踏实，脑子里没有任何杂念，也从没想过偷懒不看、不玩，或者拖延到明天再做，转身干点别的事。

这说明什么呢？当我们专注于自己感兴趣的事时，懒惰和拖延往往不会出现。大多数情况下，我们的工作或者学习的内容并非自己真正的兴趣所在，因为只要提及兴趣，我们想到的就是工作之余的休闲活动。

事实上，专注于兴趣的目的并不是只局限在那件事上，而是要借助这个平台训练自己在工作、学习上的专注力。很多成功人士，他们专注于兴趣，以此为乐，并且在兴趣上的成就超过自己的本职工作。最后，他们成功地把兴趣转化为工作，体验到了成功的喜悦，也享受到了生活的美好。

◎努力完成一个阶段性的目标

我们不必非要在某项兴趣上获得多大的成功，这样会给自己造成巨大的压力。更现实的做法是，找到自己喜欢的事，制定一个阶段性的目标，努力去完成它。比如，你想学英语，那就给自己定一个目标，如两个月内背下托福单词。这两个月的时间里，你就专注地做这件事。等你完成这个目标后，再为自己制订其他的。

◎每次只做一件事情就好

学习新鲜的事物时，拖延症患者总会犯一个毛病，那就是率性而为，想起什么是什么，从来不仔细思量。真的去做了，遇到了困难，立刻就退缩变懒，或者干脆不做。为了杜绝这样的事情发生，不要同时给自己定多个目标，每次只做一件事，专注地把它做好。

方法7 让生活有点“奔头”，才能远离浑浑噩噩的状态

【拖延者自白】

在外人眼里，我是个不着调的人，做什么事都没有长性。其实，我不是不想变化，我是太渴望变好，却一次次备受打击，内心的那点儿激情和火花，都被磨灭了。

有人想升职加薪，所以毫无怨言地努力工作；有人想获得曼妙的身材，所以坚持不懈地运动；有人想拿到全勤奖，所以连续一个月都没有因为睡懒觉而迟到……这些带有积极意味的期待，通常会消除我们在工作和生活中的消极情绪和各种心理不适，并激发出内在对所做之事的热爱，从而自主自愿地提高效率，戒掉懒惰和拖延。

事实上，这就是我们常说的“期望效应”，它是在1964年由北美著名心理学家维克托·弗鲁姆提出的。它说的是，人们之所以能够从事某项工作，并愿意高效率地去完成这项工作，是因为这项工作和组织目标会帮助我们达到自己的目标，满足自己某方面的需求。

马斯洛的需要层次理论告诉我们，人在不同的情况下，欲望和

需求也是不一样的。正因为如此，人才会努力去满足自己的需求，并为了满足需求而做出特定的行为。有期望就会有动力，有动力就不会轻易犯懒。从这一点上来说，要避免荒废时光，就要学会用“期望效应”来激励自己远离拖延和浑浑噩噩的状态。

静下心来想想，你最想要的是什么？如果你渴望拥有幸福的家庭，那就要抽出时间去用心经营；如果你渴望在事业上出类拔萃，获得巨大的成就感，就要提升抗打击的能力，适应在高压下高效率地工作；如果你希望成为一个具备组织能力的人，就要多参与一些类似的培训和学习，而不能坐等机遇到来。只有带着期望上路，才能走出迷雾和停滞不前的窘境。

人们常说，生活得有“奔头”。这个“奔头”是什么呢？其实，说的就是期待和希望。弗鲁姆指出，某一活动对某人的激励力量，取决于他所能得到结果的全部预期价值乘以他认为达成结果的期望概率，即M（激励力量）＝V（目标效价）× E（期望值）。

在弗鲁姆看来，当一个人有需要并且能够通过努力满足这种需要时，他的行为积极性才会被激活。换而言之，如果期望过高，就很难达到所期望的结果，那么期望带来的激励效果也会大打折扣。只有期望值适度，才能有效地调动积极性，激发出内在的潜能。

细细思量，拖延的人为什么总是三天打鱼两天晒网，不停地犯懒？就是因为期望值不合理。一个经常只拿着底薪的业务员，总想着一夜之间签个大单变身成创业的老板，这种期待显然在短期内是不可

能实现的。有想法是好的，但最重要的是尊重事实。

现实生活中，有许多老板确实都是业务员出身，可他们也是在市场中摸爬滚打多年，积累了丰富的经验，拥有大量的客户资源，最终才走上创业之路的。初出茅庐就希冀着一步到位，往往步子还没迈出去，就被各种困难绊倒了。

那么，如何给自己设定一个合理的期望值呢？

◎客观地认识自己，正视自身的优缺点

生活中有一些人，明明什么努力都没做，却还抱怨自己怀才不遇。这就是对自己缺乏正确的认识，所期望达到的目标过高，导致在实现目标的过程中不断受阻。跳出自己的视线，从家人、朋友、同事等周围人的意见中认识真实的自己，给自己设定与能力相符的目标。

◎你的期望要踮起脚尖就能够得着

在为自己设定期望值和目标时，一定要遵循这样一个原则，即踮起脚尖能够得着。这样既能给潜能的发挥预留出充分的空间，又能避免因期望值过高而无法达到，可谓一举两得。

我们要看到，消极的情绪和行为会让人“上瘾”，变得破罐子破摔；而积极的期望和微小的成功，却会给人以激励，让人享受到战胜惰性、战胜自我的快乐。当美好的体验积累得越来越多时，积极的行为就会得到强化，到那个时候，克服懒惰和拖延就是一件自然而然的事了。

方法8 离懒散的人远点儿，人是会接受暗示的动物

【拖延者自白】

曾几何时，我也是有梦想、有追求的人，不知道从什么时候开始，变成了一个凡事无所谓、不求上进的人。我说不清楚，究竟是现实改变了我，还是我主动选择了颓废？

一位贵族绅士的哥哥去世了，某侯爵问他："你的哥哥是怎么死的？"

贵族绅士回答说："他死于无所事事。"

侯爵说："是啊，这个原因足以杀死我们所有的人。"

仔细琢磨这句话，可以思悟出两层含义：第一层含义就是，没有什么比无所事事、空虚无聊更可怕的事了；第二层含义就是，跟无所事事的人相处久了，满怀激情的人也会被传染上懒懒散散的毛病。懒惰，可以轻而易举地毁掉一个人，乃至一群人，甚至是一个民族。

R刚来公司时，对整个环境不熟悉，做事一直很谨慎。同时，他也很珍惜这份得来不易的工作，很想做出点成绩。上班时间，他从来

不会跟人闲聊，总是规规矩矩地做事，就连QQ都不敢挂在桌面上，生怕被人看见，说他“心不在焉”。

这样的状态持续了半年左右。在这期间，公司又陆续来了两个新人，R也算是“老员工”了。他突然发现，自己有点儿过于“严肃”了。同事的电脑上不仅挂着QQ，还开着微信，上班时间照样聊天，就连新来的同事也是这么干的。R一下子变得“有勇气”了，把自己的QQ、微信全都挂了上去，也开始了工作之前、工作之余的闲聊。

时间久了，他还发现，自己在埋头干活的时候，同事经常跑到咖啡间去喝咖啡、打私人电话，故意拖延完成任务的时间……这些懒散的行为，潜移默化地影响了R。他总觉得，拿着差不多的工资，自己却比别人做得多，心理开始产生了不平衡感。同事似乎也不认为他的努力有多伟大，反倒觉得他不够“精明”，不时地调侃他“做人不能太老实”。

在这家公司待了两年，R跟最初判若两人。一次偶然的机会，他跟昔日好友叙旧，看到对方在工作上意气风发的状态，R才意识到自己的斗志已经被那个懒散的环境腐蚀掉了。

有句话说得好：“跟着苍蝇，你会找到厕所；跟着蜜蜂，你会找到花朵；跟着富人能赚百万；跟着乞丐你会要饭。”现实生活中，和什么样的人在一起，真的很重要，甚至可以改变你成长的轨迹。因为，人是唯一能够接受暗示的动物。

每天置身于一个积极向上的环境里，会不由自主地想去努力；跟一群浑浑噩噩的人在一起，要么会觉得努力毫无意义，要么就是降低努力的效果。法国天文学家卡米尔·弗拉马龙就遇到过一位懒散的助手，这位助手总是在观察星球运动时睡着。助手的失职，让弗拉马龙对星球的观察遭遇了多次的失败。

这显然在提醒我们，克服自身的惰性已然不易，千万不要再被外界的消极人群所影响。有很多事情，当时你可以偷懒，但拖到最后，后果还是要你自己去承担。为了保持自己的积极性，就要跟懒懒散散的人保持距离。

那么，要如何跟懒散的人保持距离呢？

◎只看自己，不看他人

罗宾斯说过："我们会花更多的时间去关注那些偷懒的同事，而不是专心于自己的工作。"

当你周围的人处在浑浑噩噩的状态中时，无论他在做什么，别去琢磨他，专注于自己的事。当你成功地不受他人影响，完成了一项任务时，你会涌出一种成就感，这种美好的感觉会给克服拖延和懒惰带来积极的效用。

◎坚定自我，不被诱惑

懒惰的人在做事时总是开小差，一会儿喝杯咖啡，一会儿去趟厕所，一会儿再刷刷网页。有时，还会找旁人聊聊天。当他找到你时，提及和工作无关的事，千万不要被诱惑，要坚定地回复："我现在有事在忙，回聊。"一旦你被他诱惑了，拖延立刻就会出现，结果就是你必须为这一刻的闲聊付出加班的代价。

◎划清责任，免受牵连

跟懒人合作是最要命的事，如果偏偏不凑巧，你所在的团队就有这样的懒人，那一定要摆明态度，先做好分工，并且让其他人都知道懒人负责哪一个环节。这样的话，他就很难把责任推给其他人，如果因为他的拖延没做好，大家有目共睹，无辜的人也不会受牵连。

总而言之，珍爱前途，珍爱自己，离懒散的人远一点儿！

方法9 坚持再坚持，跨过让你痛不欲生的临界点

［拖延者自白］

我经常会莫名其妙地焦虑不安，不知道自己在困扰什么，眼下摆着一堆事情要做，却怎么也静不下心，理不清思绪。遇到一些棘手的问题，立刻就颓丧，不战而退。

拖延的人内心深处总有一种茫然不安的力量，这种力量叫作浮躁。

现在，请你对照一下自己在工作中的表现，看看有无这样的情形——

总是心不在焉、坐立不安，没有耐心做完一件事？

过于计较自己的得失，总担心他人占便宜，自己吃亏？

莫名其妙地感到焦虑不安，担忧未来的生活？

经不住挫折，稍有不如意就轻易放弃？

幻想自己能有所作为，可一做事就抱怨辛苦？

经常东一榔头西一棒子，想鱼和熊掌兼得？

制订好的学习计划和工作计划一再被搁置?

上述种种，皆是浮躁的表现，如果你被说中，那真的很有必要进行反思了。

细数许多失败者和平庸者的经历，他们不是败给了能力，也不是败给了机遇，而是败给了浮躁的情绪。有想法、有追求固然可贵，但更重要的是能够踏踏实实地去把握、去争取、去创造。越浮躁，越静不下心；越静不下心，越拖延。结果，就变成了一事无成。

要戒除浮躁，甩掉拖延，需要一点傻瓜式的坚持，跨过那个最难受、让我们最痛不欲生的临界点。

美国著名心理学家威廉·詹姆士说过：“如果你被一种不寻常的需要推动时，那么奇迹将会发生。疲惫达到极限点时，或许是逐渐地，或许是突然间，你突破了这个极限点，你就会找到全新的自我!此时，你的力量显然到达了一个新的层次，这是经验不断积累、不断丰富的过程。直到有一天，你突然发现自己竟然拥有了不可思议的力量，并感觉到难以言表的轻松。”

那么，如何来锤炼自己的耐性呢?

◎听从内心的呼唤，有效地控制自我

了解自己，清楚内心的召唤，积极地做出回应，这是我们需要做的。当我们开始听从自己内心的声音时，才有可能成功地控制自己。没必要刻意强化，也用不着逼迫自己，而是在行动中感受到那件事对自己的意义。

◎逃离舒适区，经常挑战自己

当我们习惯了舒适的模式后，就会变得懒惰。这种懒惰会让我们不再进步，不再尝试新鲜事物，不再追求更好的人生，习惯把一切计划往后拖。为此，我们就要不断挑战自己，逃离舒适区，不停地去学习一些新东西，开阔思路，帮自己打造新的机遇。

◎从小事入手，不断培养耐心

耐心是可以培养的，就像肌肉可以锻炼一样。首先要做的就是，调整好自己的心态，学会从小事入手去培养耐心，而且耐心的培养是一个循序渐进的过程，不能急于求成。

方法10 所有的拖延借口，都是会被识破的口是心非

［拖延者自白］

对待任何问题，我的第一反应不是主动反思自己的问题，而是找借口。有时候，明知道那些借口站不住脚，却还是忍不住拿出来做“挡箭牌”。其实，我很怕被拆穿。

这个世界上最容易办到的一件事，恐怕就是找借口了。

拖延的人对此更是深有体会，任何完不成的任务、没做好的事，都可以归咎于他人或其他的外在因素，理由五花八门：“路上堵车了，我才会迟到”“时间有点紧，没来得及修改”“当初没说这件事由我负责”“如果有人配合我的话，我可以做得更好”……借口，像空气一样蔓延，成为敷衍他人、遮挡拖延、逃避责任的挡箭牌，所有的问题都在借口的包裹下被“合理化”了。

然而，这不过是一个假象。要知道，所有的拖延借口，都是会被识破的口是心非。你以为旁人看不穿真相，但其实只是在自欺欺人。不信的话，扪心自问一下：你因为拖延而导致的那些后果，会因为你

找的借口而改变吗？借口能够帮你免除责任吗？

领导交给你的工作，你因为偷懒和拖延，到了最后一刻才向老板“交作业”。你却找借口说：“这两天身体有点不舒服，所以影响了工作效率。”听起来似乎有情可原，老板也相信了，让你侥幸逃过了这一劫。

事情真的结束了吗？几天后，老板把你的工作反馈回来，声称里面有很多细节做得不到位，还需要花费大量的时间来调整，且不能耽误正常的工作时间。此时的你，依然要加班熬夜、牺牲娱乐时间来弥补这些漏洞。你以为从前偷的懒是赚到了，可现实告诉我们：该承担的、该偿还的，一样也少不了，只是时间先后的问题。

遗憾的是，很多人并不会去反思自己，也不认为自身是拖延和失败的根源，反倒会把“外因”视为罪魁祸首。比如：“如果我不是这么害羞，肯定有人喜欢我，交际对我来说太难了”“不是我的错，我没有完成，是因为中间出了一些岔子”。不管这些借口听起来多么合理，都无法掩盖一个事实，它们是当事人强加在自己身上的，最终的目的也不过是安抚自己，获得虚假的心安。

然而，这种做法只能在短时间内让自己甩掉包袱和担子，获得短暂的心理平衡，但也会由此养成疏于努力、不想办法争取成功的心态，渐渐地失去热情和危机意识，最终丧失竞争力，沦为平庸者或是被淘汰者。

曾有人问：世上的军校那么多，为什么西点军校最负盛名且人才辈出？

原因是多方面的，但有一点最为关键，那就是西点向来都把“没有借口”作为学院最基本的行为准则。看似只是简简单单的四个字，它背后隐含的却是一种超强的责任心、事业心、荣誉感和纪律意识，包含了服从、诚实、主动、敬业和自信。

人生就像是一场马拉松，跑得长了，跑得久了，难免会懈怠与疲倦，这个时候，找个理由让自己休息一下、放松一下，无可厚非。借口人人可以找，人人都在找，偶尔找一找也的确无伤大雅。可当找借口不再是一种“调味品”，而是变成了“主食”，让借口成为一种习惯，偶尔的休息成为习惯性的驻留，那人生的长跑该如何继续？

借口到处都有，它无处不在，只要我们想找，它绝对无穷无尽。在遇到困难的时候，它可以减轻烦恼；在需要承担的时候，它可以逃避责任；在遭遇失败的时候，它可以用来埋怨别人；在需要行动的时候，它可以帮你拖延。但是别忘了，时间是有限的，生命是有限的，用借口填充人生，就意味着虚度光阴，自我欺骗。

你，真的愿意欺骗自己一辈子吗？

方法11 习惯说“做不到”的人，往往是把自己看扁了

［拖延者自白］

除非是自己特别有把握的事，否则的话，无论什么事情，落到我头上时，我都会觉得自己做不来，然后一拖再拖。不够自信，算不算一种病？

在过去的很多年里，人们一直坚信：人类无法在4分钟内跑完1英里！这种观念盛行许久，以至于后来演变成了众所周知的“4分钟障碍”。不只是常人，就连那些知名的运动员和生物学家也确信，4分钟跑完1英里是超越人类身体和心理的极限的。

当所有人都相信了这一认知时，有一个人却犹如惊雷般地突破了4分钟的极限，用了3分59秒4创造了奇迹。这个打破“魔咒”的人，就是牛津大学医学院的学生罗杰·班尼斯特。在做这件事之前，他曾对自己说：“经过了心怀信念的训练，我将克服所有的障碍。”

这说明什么？人的潜能是巨大的，只要你不给自己设限，人生中就没有限制你发挥的藩篱。世间的诸多庸庸碌碌者，未必是没有能

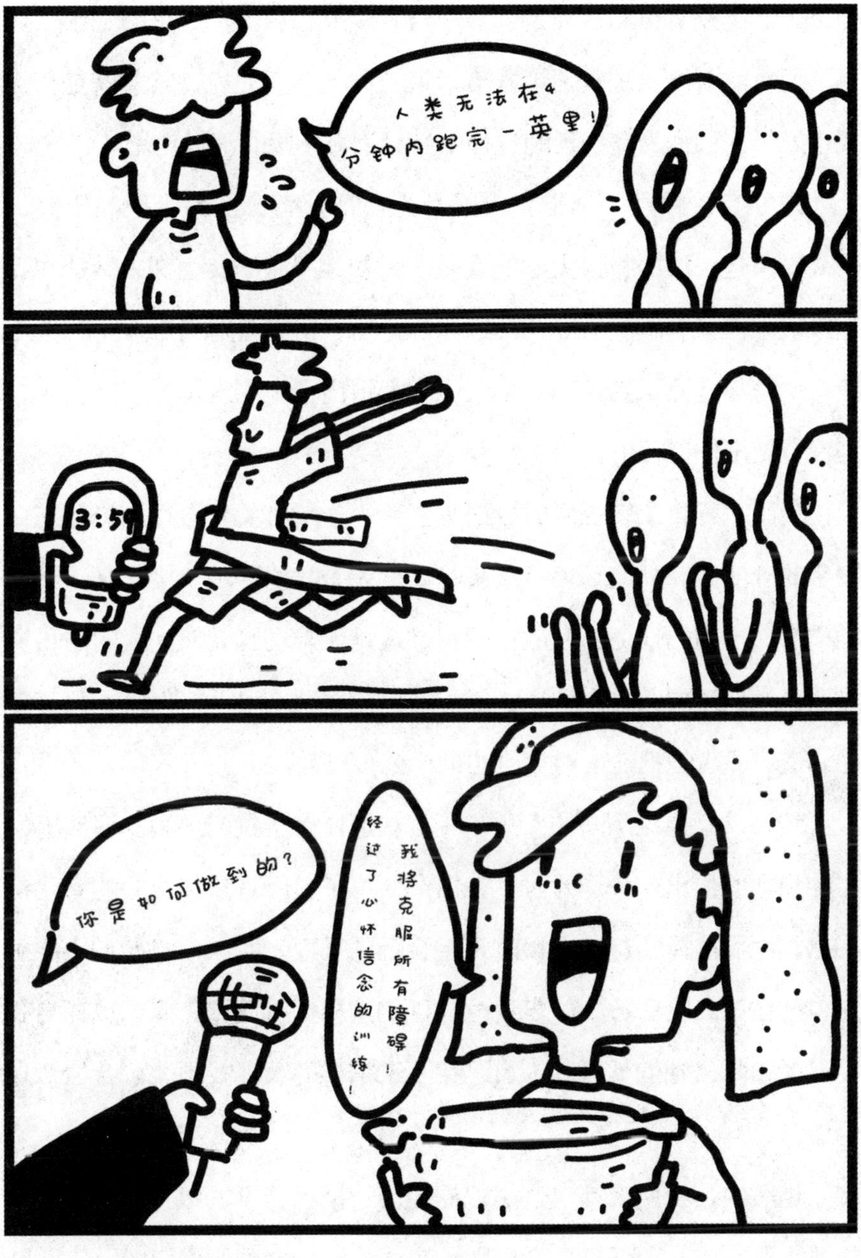
人类无法在4分钟内跑完一英里！
3:59
你是如何做到的？
我将克服所有障碍！
经过了心怀信念的训练！

力，未必是没有机遇，而是选择了自我设限，用这把沉重的枷锁，扼杀了所有的潜能。那些习惯找借口说“做不到”的人，其实就是在自我设限，这种行为在拖延的过程中有着不容小觑的消极作用。

曾经有人做过一个自我设限行为在拖延者身上的表现的研究，研究对象是一群即将读大学的女生。最初，所有的女生都去做那些看起来很难但又有解决可能的测试题。之后，研究者对其中一半的女生说：“与其他测试者相比，你们表现得很出色。”对于另一半女生，则没有做出任何评价。

到了执行第二轮任务时，研究者首先让所有女生自行选择环境：嘈杂的分散注意力的环境，或者是安静无干扰的环境。接下来，又让她们选择不同的任务：发散性题目，或是无须动脑就能完成的题目。最后，她们还要做一个选择：对于自己的表现结果严格保密，只有自己知道，或者是把他人对自己的批评公布出来。

结果，有拖延倾向的女生，更喜欢选择有干扰的环境。事实上，实验到她们作出这一选择时，就已经结束了。所有参加实验的女生都相信，她们选择了这一环境时肯定会听到噪声。所以，当她们不能确定自己在第二轮任务中的表现时，她们选择提前设置障碍，选择自我设限。如此，她们就可以为自己接下来糟糕的表现找到一个合情合理的借口。

生活中，我们大都有过类似的经历：推迟着不去做一件事，或是拖着不肯完成一项任务，会试图给自己找一个合理的借口。万一，结果真的不理想，至少可以用这个借口逃避谴责。看起来，这真的是绝佳的自我保护方式，可它的代价也是巨大的，那就是从此走上一条拖延和平庸的路。

拒绝让借口成为你拖延的“温床”吧！也许，放开胆量去尝试的结果不能保证总是尽如人意，但所有的路都只有脚踩上去了才知其远近和曲折。敢迈出第一步，坚持下去，就是难能可贵的勇气。你认为自己不行，给自己画地为牢，那就永远都不可能有改变。人生最大的价值不在于结果，而在于过程，放开胆子去做自己想做的事，无论结果如何，你都是赢家。

方法12

如果你自己不认输，没有谁能让你投降

【拖延者自白】

对自己从来没有做过的事，或是没有接触过的领域，我的内心总是充满恐惧。有时，明知道那是一个机遇，可还是抵不过内心的胆怯，也就迟迟不敢去做。

美国的一位平凡青年麦克，在37岁那年的一天下午，突然做出一个惊人的举动：他放弃了高薪的工作，将身上仅有的钱施舍给街上的流浪汉，回家后只带上几件换洗的衣服，和未婚妻匆匆道别后，就徒步从阳光明媚的加州出发了。他要一个人横穿美国，去东海岸北卡罗来纳州的“恐怖角”。

麦克从不是一个勇敢果断的人，在做这个决定前，他几乎面临着精神崩溃的局面。就在那天下午，他脑海里突然闪出了一个问题：如果死神来了，说我活不过今天，我会不会感到遗憾？心中的回答令他万分恐惧，他这才意识到，尽管自己有一份体面的工作，有一个漂亮的未婚妻，有许多关心自己的亲人、朋友，可他这辈子从来没有做过一件令人惊讶的事，生命就像是一条平静的线，没有波澜起伏，也没有值得骄傲的资历。

他再次问自己：这一生有没有经历过苦难，有没有勇敢地去挑战过恐惧？没有！他为自己懦弱的前半生感到愤怒和难过。在过去的几十年里，他害怕的东西太多了，小时候怕保姆、怕邮差、怕蛇、怕鸟、怕黑、怕蝙蝠、怕幽灵、怕荒野，即便是长大成人后，这种恐惧感依然没有放过他。是的，他无所不怕，所以活得小心翼翼，活得平平庸庸。

“我不要再这样下去了！”麦克决定挑战恐惧，把令人闻风丧胆的“恐怖角”作为自己的终极目标，借以象征战胜生命中所有恐惧的决心。这个懦弱了三十多年的青年上路了，就在出发前祖母还警告他：“孩子，你在路上一定会被人欺负的。”这样的声音他从小到大听过了无数次，他也因此而退缩了无数次，可是这一次，他不想再退缩了。

麦克的决定是对的！在经历了几千次的迷路，吃了几十顿野餐，接受了一百多个陌生人的帮助后，他终于成功抵达了目的地。在此期间，他没有接受任何金钱的馈赠，曾与黑夜和荒野为伍，在电闪雷鸣中睡在超市提供的简易睡袋里；还有几个像公路杀手和劫匪一样的家伙让他胆战心惊；在最艰难的时候，他给陌生的游民打工换取住宿。就在他思量着自己下一次是否会碰到孤魂野鬼的时候，他抵达了“恐怖角”。

麦克惊奇地发现，“恐怖角”原来一点也不恐怖，它的本名是16世纪一位探险家取的，叫作“cape faire”，只是在漫长的岁月中被讹传成了“cape fear”，一切都只是个误会！

从心理学上讲，当人们对一件事情充满期待，却又觉得自己没有能力解决它的时候，就会不由自主地从心里产生一种厌倦的情绪。但其实，从人本身的角度来说，厌倦只是一种逃避，或者说是因为恐惧失败而为自己找的借口。

从某种意义上讲，我们都是曾经的“麦克”，心里有无数个想法，可比想法更多的是恐惧。于是，那些想做的事就被无限地拖着，并用各种借口安慰自己，想象着等自己变得更强大、更出色、更有能力的时候再去做。结果，大半生过去了，也没等到那个时刻。

世界著名的撑竿跳运动员布勃卡，曾经35次打破撑竿跳的世界纪录，享有“空中飞人”的美誉，接受过乌克兰总统亲自授予的国家勋章。就在那次授勋典礼上，记者们让他谈谈成功秘籍，布勃卡笑着说：“很简单，每次起跳前，我先让自己的心‘跳’过横竿。”

许多事情你总觉得遥不可及，随随便便找个借口放弃了，可有人却在你望洋兴叹的时候，把不可能变成了可能。其实，别人能够做到的事情，你也可以，只是你的消极、你的怀疑、你的倦怠、你的胆怯，阻碍了你去尝试的脚步，让你在畏畏缩缩中拖延，埋没了自己的潜能。如果你不认输，没有人能让你投降；如果你认定自己行，全世界都会为你让路。

不要再让没来由的、荒谬可笑的借口囚禁你的潜能，也不要再让自己输给莫须有的假想。突破心障，挑战自己，你会惊喜地发现，在打破恐惧的那一刻，你也蜕变成了全新的自己。

方法13 与其浪费时间去想“如果”，倒不如多想想“如何”

［拖延者自白］

总是幻想着有时光机，能回到过去的某些时刻，让一切重新来过；总是幻想着能够改变某些条件，借此来改变现状，当作是对自己的一种安慰。

你是不是经常会把这样的口头禅挂嘴边——

“如果当初去另一家公司就好了，那边的薪资待遇比这里好多了！”

“如果我早点开始做这件事，现在就不用熬得眼皮都睁不开了。”

“如果我有一个通情达理的上司，我会比现在发展得好得多。”

……

不被打断的话，我们还能说出更多的类似的“心愿”，恨不得一切都重新来过。可惜，这只是无可奈何的叹息和不切实际的空想，沉浸在这样的幻想里，用这样的借口安慰自己，不会让现状有任何的改变，只会让意志更消沉，让问题积压得更多，让行为变得更拖拉。

美国的一位推销大师在给学员做培训时，总是会给出这样的忠告：做一个只想“如何”的人，不要做一个只想“如果”的人。如何与如果，看似不过是一字之差，实则有天壤之别。

他解释说：“想‘如果’的人，只是难过地追悔一个困难或一次挫折，悔恨地对自己说：‘如果我没有做这或那……如果当时的环境不一样的话……如果别人不这样不公平地对待我的话……’就这样从一个不妥当的解释或推理转到另一个，一圈又一圈地打转，终是于事无补。不幸的是，世上有不少这样只想‘如果’而失败的人。

“考虑‘如何’的人在麻烦甚至于灾难降身时，不浪费精力去追悔过去，他总是立刻找寻最佳的解决办法，因为他知道总会有办法的。他问自己：‘我如何能利用这次挫折而有所创造？我如何能从这种状况中得出些好结果来？我如何能再从头干起，重整旗鼓？’他不想‘如果’，而只考虑‘如何’。这就是我们教给推销员的成功方式。”

这番话，把拖延症患者的问题剖析得淋漓尽致。他们总在用借口拖延解决问题的速度，而不是选择承担，积极地思考，想着“如何”去实现目标。

经常会听到有人说：“我要是再年轻一点，也会尝试到其他领域发展。”

年龄真的是门槛吗？曾经，一个65岁的老人创办了一家餐厅，结果他把炸鸡卖到了全世界，这个老人就是哈兰·山德士，他的餐厅就是肯德基；英特尔公司的总裁贝瑞特，也不是年纪轻轻就荣登这个高管的位子的，他接管公司的时候已经60岁了。对有心想做成一件事的人来说，任何时候开始都不算太晚。

还有人抱怨说："我不是不想改变，只是我学历不高，这是硬伤。"

学历真的是限制吗？一个出身贫穷的人，从小没上过学，到了15岁那年才花了40美元在福尔索姆商业学院克利夫兰分校就读三个月，这是他一生中接受的唯一一次正规的商业培训，但这并未阻挡他拥有一片大好的前程。这个穷孩子，在多年后成了有名的石油大亨，他就是洛克菲勒。

"如果"二字，其实就是借口的化身，它是一个无底洞，会吞噬积极的心态和行为。借口会让人忘记责任、忘记上进，变得毫无斗志、胆小怯懦、无限拖延。把时间浪费在不断重复"如果"上，倒不如多想想"如何"去提升自己、改变现状，然后投入行动中。

想翻过一座墙的时候，记得先把帽子扔过去

［拖延者自白］

面对那些有点儿棘手的问题时，还没有开始，心里就开始打退堂鼓了。也许是对一连串未知的恐惧吧，总会找各种借口拖延开始的时间；或是在做事的途中，找一些看似说得通的理由，让“完不成任务”变成一个合理的结果。

1830年，法国作家雨果和出版商签订合同，约定半年内交出一部作品。而后，雨果把所有外出的衣服都锁进了柜子里，把钥匙扔进了湖里，彻底断绝了外出会友和游玩的念头，专心写作，于是就有了《巴黎圣母院》这部文学巨著。

古希腊著名演说家戴摩西，年轻时为了提高自己的演讲能力，躲在一个地下室里练习口才。因为耐不住寂寞，他时不时地想跑出去溜达，心总是静不下来，练习的效果不太理想。无奈之下，他一狠心，把自己的头发剪掉了一半，变成了一个怪模怪样的“阴阳头”。这样一来，他没法不顾形象地去见人，就打消了出去玩的念头，专心地练

你必须在半年内交一部作品！
……
终于完成了！

口才。连续几个月不出门，戴摩西的演讲水平突飞猛进。在这样的勤学苦练下，他成为了世界闻名的演说家。

雨果也好，戴摩西也罢，他们究竟在做什么？是真的跟自己过不去，才会用如此极端的方式来强迫自己么？当然不是。他们只是不想给自己有找借口的机会。

成功学大师拿破仑·希尔在《思考致富》中曾经提出过这样一个理念：过桥抽板。

请注意，这不是教导我们过河拆桥、忘恩负义，而是提醒我们：在做一件不是可以轻易完成的事情时，最好切断退路，让自己无路可退，这样才能调动所有的激情、释放所有的潜能，义无反顾。

这些有所作为的大师们，其实就是不想给自己留退路，逼着自己死心塌地地做好自己正在做的事，完成想要完成的。很多时候，退路是另一种逃避，有退路的时候，懈怠和自我安慰就蠢蠢欲动。对待工作，所有的做不到和完不成的借口，往往都是给自己留的退路。如此，就能给自己的惰性、欲望、恐惧找到合理的解释，对自己无法拼尽全力去想办法找一个台阶，借口听起来总是那么合情合理，而前途和出路也在借口中被掩埋了。

美国卡托尔公司的新员工录用通知单上，印着这样一句话：“最优秀的员工是像恺撒一样拒绝任何借口的英雄。”为什么说像恺撒一样呢？

有一次，恺撒率领他的军队渡海作战，登岸之后，他决定不给自己的军队留任何的退路，就下令烧毁所有的船只。他向全体战士训话，明确地告诉他们：战船已经烧毁，所以大伙儿只有两种选择。一是勉强应战，如果打不过勇猛的敌人，后退无路，就只能被赶入海中喂鱼；另一条路是忽视武器和补给的不足，奋勇向前，攻下该岛，则人人皆有活命的机会。

眼见着船只烧为灰烬，战士们都明白了，这场战役是生死之战，除了胜利，没有任何退路！在这样的情形下，战士们被激发出了所有的潜能，内心不存在丝毫的侥幸，也不再幻想着有路可退，最终赢得了胜利。

没有任何事情是可以不费力就能做成的，想要借口自然就能找到，但要拒绝借口却不那么容易。只有在一切后退的希望都消失了的时候，才能像恺撒和他的将士们那样，以一种决死的精神去拼战。想翻过一座墙的时候，记得先把帽子扔过去，下定了决心，没有了退路，就不会再想着逃避、拖延，只会想方设法去实现它！

方法15 凡事记得是为自己而做，就不会把责任视为包袱

【拖延者自白】

我看起来大大咧咧，对什么都不在乎，其实我的内心隐藏着诸多的焦虑：做事提不起兴致，无限拖延，找借口搪塞或掩盖失败的事实。我也想改变，担心这样下去生活会变得一团糟，可内在又有一种深深的无力感。

对于这样的拖延症患者，最迫切需要解决的问题就是，培养一份对自己、对生活负责任的态度。如果对任何事都是得过且过，自然什么都做不好，更不要谈什么人生价值。他们之所以对很多东西提不起兴致，其根本的原因在于潜意识里认为，那不是为自己而做的。

他们习惯说这样的话："我想勤奋，可眼下拿的这点钱，实在没有动力""我只是给老板打工，又不是我自己的公司。如果我有了自己的公司，我肯定也特别有干劲儿，甚至比他做得更好"。他们把工作视为谋生的手段、沉重的任务、乏味的坚持，年复一年做着同样的事情，觉得工作做多做少、效率高低对自己意义不大；眼睛始终

盯着报酬，只要个人需求得不到满足，就会抱怨连连，不愿全身心投入，得过且过。

说实话，没什么比“我是为别人而做”的想法更毁人的了。生活总是会给每个人回报的，无论是荣誉还是财富，条件是你必须转变自己的思想和认识，努力培养自己负责任的态度。

阿基勃特曾是美国标准石油公司的一位普通职员。他刚进入公司时，各方面的待遇条件都不是很好，但这丝毫没有影响他对工作的热爱。每次出差住旅馆，他总会在自己的签名下方写上一句“每桶4美元的标准石油”，在书信和收据上也不例外，仿佛这几个字和他的签名是一体的。当时，公司有不少人嘲笑他，还给他起了个“每桶4美元”的绰号。

公司董事长洛克菲勒听说这件事后说：“竟有职员如此认真努力地为公司做宣传，我一定要见见他。”就这样，阿基勃特得到了与总裁共进晚餐的机会。当然，这只是一个开始，待洛克菲勒卸任后，阿基勃特成了美国标准石油公司的第二任董事长。

记得微博上盛传着一句名言：“无论做什么，记得是为自己而做，那就毫无怨言。”

如果能意识到工作是为自己做，自己收获的不仅仅是薪资，还有能力与品质的提升，就不会拖拖拉拉、敷衍了事，随便找借口搪塞；如果意识到生活的好与坏都靠自己经营，就不会拖延着犯懒，不收拾自己、不打扫房间，为自己的懒惰找理由；如果能意识到婚姻是一种

入住登记表
签名：
阿基勃特
每桶4美元的标准石油
每桶4美元
竟有职员如此认真努力为公司做宣传！我要见见他！

责任、一种义务，要对爱人付出，而非一味地索取，就不会想着逃避，用各种借口逃避害怕承担的事实。

一个习惯了懈怠、轻视和拖延的人，很难有发展，这也不是长久的生活态度。要戒除找借口的陋习，就要把承担责任变成一种习惯。跟培养自信心一样，责任心也是可以通过有意识的培养获得的。

那么，要如何有意识培养责任心呢？

◎重视日常的小事

有句话说得好——一屋不扫，何以扫天下？不要因为一件事情小，就不认真对待，要从细枝末节开始培养负责任的习惯。当把责任变成一种习惯时，认真做事不拖沓、不找借口，就会成为生活的一部分，不需要刻意去执行，也不需要谁来监督。

◎该承担时不推卸

人类最原始、最基本的防卫机制，就是为自己的过错找借口。但要知道，一次可以侥幸过关，可时间久了，这样的做法会让他人失去对你的尊敬和信任。有些事情若真的是自己做错了，就勇敢承担起来。

◎言出必行讲信用

轻易不要对他人许诺，一旦给予了承诺，就要尽力去实现，不能找借口拖延，或是掩盖无法实现的真相。答应了他人的事，一定要做到，即便你不太情愿，但也得去做，这是讲信用的表现，既是对他人负责，也是对自己负责。

◎不要总想依赖他人

本来是属于自己的事情，由于拖延没有做好，却开始找借口埋怨他人。这样的抱怨，没有任何意义，只会让自己变得更怯懦，不敢正视现实。只有承认自己的问题，改掉它，才能真正地扭转现状。

拖延的人，向来把责任视为包袱。遇到困难和错误，脆弱的心就开始颤抖，不自觉地找借口和理由。不承担责任这种选择并不轻松，还耗费了大量的时间和精力，在担忧和焦虑中惶惶不可终日，却无法真正地解决问题。

换一种方式，鼓起勇气去承担所有，你可能会发现，那些令你恐惧的东西实际上并没那么可怕，你完全有能力去扭转事情的局面。在承担的过程中，你也会掌握更多的解决问题的技巧，邂逅意想不到的机会，创造更有意义的人生。

方法16

第一次就把事情做到位，完全可以避免越忙越乱

［拖延者自白］

每次到了临近deadline的时候，才开始焦急忙慌地赶工作，可往往时间已经来不及了。为了应付差事，只好先凑合交一份上去，等着返工。说实话，返工的滋味很难受，每次修改到头大的时候都暗暗骂自己：自作孽，不可活！

很多拖拉的人都有一个坏习惯，接到新任务先拖着不做，等到想做的时候，时间已经不够用了，于是，只能把一份粗制滥造的“作业”先交上去应付。每次这么做的时候，他们心里也很忐忑，毕竟知道自己没有用心，很多细节都禁不起推敲，但心里却拿“没关系，不行再改”的话来安慰自己。结果，一项任务反复改了两三次，白白浪费了不少时间，还给人留下能力不足的印象。

分析这种情况，拖延的人先是从心理上轻视了这项任务，认为自己可以轻而易举地完成，忽略了其中的难点和可能会犯的错误；还有就是，总想着差不多就行了，实在不行再想办法，却没意识到返工其

实会让事情变得更复杂，还可能给企业带来巨大的损失。

有家广告公司的员工就犯过这样的错误，在给客户制作宣传广告时犯了拖延的毛病，最后紧赶慢赶才把方案做好，却把客户的联系电话中的一个数字写错了。当他们把制作好的宣传单交给客户时，客户由于时间紧，第二天就要在产品的新闻发布会上使用它，根本没顾得上仔细检查就接收了。等新闻发布会结束后，在整理剩下的宣传单时，客户才发现最重要的联系电话竟然是错的，而此时这样的错误宣传单已经发出了五千多份。

客户非常生气，直接找到广告公司要求索赔。广告公司的老总得知后，明白过错确实在己方，再加上客户召开新闻发布会也的确耗资巨大，只好按照客户的要求进行了巨额赔偿。而负责广告制作的员工，也遭到了解雇。

是不是赔了钱就完事了？事情的负面影响远远没有结束。这家广告公司原来的信誉是很好的，发生了这样的事后，客户对他们的信任度大大降低，就算该公司按照要求进行了赔偿，可是这样的重大错误给客户带来的麻烦、造成的损失，却是难以估量的。渐渐地，这家广告公司变得生意惨淡，从而难以维持下去。

仔细想想，如果广告公司的员工在做事时能认真点、谨慎点，一次就把工作做到位，就不会出现写错电话号码这样的失误，也不会把原本很有前途的公司拖垮。这样的错误，完全是可以避免的，可就因为不重视，才导致了不可逆转的结局。

著名的管理学家克劳士比提出了一个“零缺陷”理论，其精髓就是：第一次就把事情做对。至于如何去做，克劳士比提出四大核心理念。

1.定你的工作的目的：为满足客户的要求而工作，而不是自己的主观意愿。

2.建立一次就做对的基本准则：不要凡事追求差不多，要努力做好。

3.消除达成这一准则的障碍：取消工作上的“返工环节”，特别是精神上不能存在这种想法。

4.最后努力工作：你的认真执行和努力付出，会换来高额的回报。

无论是工作还是生活，不为拖延找任何借口，第一次就把事情做到位，完全可以避免越忙越乱、解决旧问题又出现新问题的麻烦。很多时候，我们之所以拖延，除了心理上的惰性以外，就是因为琐碎的麻烦太多了，疲于应付，才想着要逃避。与其给自己制造绊子，不如从一开始就把零碎的麻烦扼杀在摇篮里。

方法17 伟大也有微不足道的开始，平凡的积累就是不平凡

【拖延者自白】

偶尔内心会有点自卑和沮丧，总觉得自己条件不如人，没能力、没机会、没运气，才落得个平庸的下场。一想到这儿，就更没有努力的动力了。

拖延的人通常对自己的问题深恶痛绝，也乐于在其他人身上找寻力量。比如，对于一些有卓越成就的人，他们也会想当然地竖起拇指或是暗暗赞叹：这个人真了不起，这个人真有才华，这个人真有魄力……诸如此类。

然而，问题也恰恰存在于此。在他们看来，那些成功的人似乎具备了所有完美的特质，正是因为具备了那些素质，才注定了那些人的不平凡。对照自己，却忍不住唉声叹气一番：我不具备人家这样的能力，也不具备人家那样的机会……似乎一切都成了机遇与客观环境的问题，因为我不够完美，所以我才会成为现在的样子。

毋庸置疑，带着这样的消极信念，结果必然是无力投入行动，在

拖延中蹉跎。

事实上，是这么回事吗？有位教授曾经讲到他的经历：“在我多年的教学实践中，我发现很多在校时资质平平的学生，成绩多在中等或中等偏下，没什么特殊的天分，有的只是安分守己的老实性格。他们平凡无奇，毕业后很多老师、同学都不太记得他们的名字和长相。这些孩子走进社会参加工作后，也不爱出风头，默默无闻。然而时隔几年或十几年之后，他们却带着成功的事业来看望老师。而那些看似有美好前程的好学生，反倒是事业平平，没做出什么大成就。”

对于这样的情形，老教授也经常跟同事们一起琢磨。最后，他们得出一个结论：成功与否跟在校成绩没有必然的联系，而是跟他们的性格有关。学习好未必就有完美的前程，相反，平凡务实、自律自强，比别人更努力，反倒让机会落到了他们身上。换句话说，即便上天赐予很多完美的特质给你，但你不加以利用，也是枉然。

完美是一种错觉，耗尽一生去追求完美的人，终将落得满心失望。同时，平凡也是一种错觉，它是善意的欺骗，如果你能看透它、利用它，它会给你丰厚的回报。很多拖延的人，都是因为追求完美而耽误了时间，错过了机会。他们都忘了，平凡的积累就是不平凡，所有伟大的行动和思想都有一个微不足道的开始。

可能你的才能不那么出众，表现平平，安分守己，但你用不着妄自菲薄。平凡不是平庸，伟大也来自平凡，如果一开始就在脑子里给自己设定了限制——我太平凡、我不够完美，所以我只能这样平庸过一生，那你就是在给自己泄气。

卓越总是从平凡起步，在平凡中寻求精致、寻求乐趣，彰显崇高、体现价值，构筑并实现自己的梦想，这本身也是一段完美的人生历程。

那么，如何做到敢于平凡呢？

◎抛弃完美主义的“自负”心理

完美主义者比一般人更自负，他们有一套错误的认知：“只有做得好，才能接受自己；只有比别人出色，才能肯定自己；只有一直维系优越感，才能快乐。”这个信条一旦构成，他们就会竭力在人前表现出一个完美的自己，整个人就变成了一个超级演员，生活就成了舞台，他们无法接受自己的任何瑕疵，一切都是为了满足自负的需要。

优越感是会令人上瘾的，毕竟想象中的美好永远好过残酷的现实。可当他们置身于现实，发现一切都不是自己想象中的样子时，会感到很受挫，并开始从客观上找借口，最终迷失自己。

◎打破完美和满意之间的错误联系

完美主义者认为，倘若不追求完美，就难以充分地享受生活，也难以感受到快乐。要改变这种认知，可以利用“反完美主义表”，把各项计划罗列出来，如散步、写报告、晒太阳等，记录自己从这些活动中实际获得的满意度，用1~10之间的数字表示。这样就能清楚地看到，即便一件事做得不是那么完美，但依然能给我们带来喜悦感和满足感。

方法18　脑子里有一万个想法，也抵不上一个切实的行动

［拖延者自白］

我不是一个没想法的人，那些灵感和念头一直都存在我的脑子里，没有跟任何人提过，也没有去尝试去付诸行动，因为有一个疑惑的声音经常会出来捣乱："真的可行吗？"

经常会有人问：是什么拉开了普通人和成功者的距离？

学历？洛克菲勒这位石油大亨，高中还没有读完就辍学了。

智商？美国前总统小布什，智商不过90多一点。

环境？亚洲富豪李嘉诚完全是白手起家。

学历、智商、环境等，都不是决定性因素，真正重要的因素在于，当脑子里有了想法之后，是否采取了行动！不管你的计划多周密、目标多高远，若不付诸行动，一切都是水中月、镜中花。

一位华北地区的商人，在国内倒卖矿石发了家，后又向银行贷了一大笔款，毅然去了华盛顿，希望能将生意做得更大。他在自己租下的豪华寓所里招待了一位老友，滔滔不绝地讲述他的生意经和未来的

理想。

他的畅想很美好：“我来美国之前，已经在大连的仓库里存了一批货；在我总公司那边，也有一批花色品种齐全的商品，我准备把中国的鲜花运到美国，占领市场，让美国人见识一下中国的花卉；我抵押了在上海的几套房子，贷款所得全部投入在美国的新生意；我还打算在这里开一家证券公司，赚上一大笔钱，然后就等着享清福了。”

朋友听后，惊讶地问道：“这些想法听上去都不错，你有具体的计划吗？有可行性报告和相关的步骤吗？”

商人似乎并未听进朋友的话，他接着说：“你知道吗？高级工艺品在中国很有市场，我想把印度的水工艺品带到中国，再把景德镇瓷器带到欧洲……只要让钱转起来，不管经济形势怎么变，我都有钱可赚。”说这话时，商人的眼睛透着光芒，好像他憧憬的一切已经成为现实摆在眼前。

朋友不再回应，他深知：如果梦想没有切实可行的计划，无法付诸行动，那么说得再有诱惑力，情绪再激昂，除了给房间的空气造成一些波动外，没有任何意义。

很多人都渴望在学业和事业上有所发展，实现自我价值，提高生活的质量。为此，不少人也做了精心的计划，每一个目标、每一个步骤都列得很清晰，只是三五年过去后，还是在原地踏步，那些计划一直被搁置着，没有任何进展，或是收获甚微。

究其原因，正是缺乏行动力！美好的结果，无疑都是从行动中获得的，好的计划必得像敲钉子一样落实，才能出成效。执行是最基本、最本质的东西，没有切实可行的实践，再好的想法也是一只空瘪的麻袋，只会软趴趴地搁在地上。

大家肯定都了解一些物理常识：在一个标准大气压下，当水被加热到100℃时才会沸腾，阐释蕴藏巨大能量的水蒸气；如果加热到99℃，水只是滚烫，但不会沸腾，必须要再加热1℃，才能产生强大的蒸汽能源。

对，只要1℃，水就能够从液体变成气体，产生质的改变，爆发出巨大的力量。这说明什么呢？如果成功是100%的话，前面的所有准备——美好的蓝图、宏伟的目标、制订的计划、心理准备、技能学习、能力储备、金钱预算都属于那99%，而最后的1%就是行动。缺少最后的行动，前面的所有都是镜中花、水中月，没有行动的准备是没有意义的。

某次成功学的讲座上，教授对学员说："想赚钱的请举手！"学员们都举起了手。

教授又说："想成为顶尖级人物的举手！"这回，大部分人不再举手了。

教授笑了笑，接着问："你们想成功想了多久？"

学员们异口同声地说："想了一辈子！"

"为什么还没有实现呢？"教授问。

"就是想想而已。"有人回答。

“这就是你们没有成功的原因。心里有想法却不行动，不去做，怎么可能成功呢？”

没有行动，一切想法都是空谈。人生的理想和事业，只有架构在行动之上，才会变得有意义。拖延是失败的源头，行动才是成功的开始，世间的任何机会都是留给有准备的人的，这个准备不是停下来计划，而是不断地实践，用行动来给自己搭建阶梯。

方法19 任何时候都不要有“等会儿再做”的想法

【拖延者自白】

我最常说的一句口头禅就是：“等会儿再说吧”，可这一等，连我自己都说不过清楚，到底要等到什么时候。其实，就是觉得那些事情无关紧要，晚点儿做也没什么关系。

德国有一家电视台曾经高额悬赏征集“10秒惊险镜头”，这让不少新闻工作者趋之若鹜，征集活动一时间成了人们关注的焦点。在众多的参赛作品中，脱颖而出荣获冠军的是一个关于扳道工的故事短片。

几个星期后，获奖作品在电视的强档栏目中播出，多数人都在电视前看到了冠军短片中的那组镜头。对于这个作品，人们最初只是好奇地期待着，可在10秒之后，几乎每一个看过的人眼睛里都噙着泪水。毫不夸张地说，整个德国在那10秒的镜头之后，足足肃静了10分钟。

镜头的内容是这样的：在一个火车站里，一个扳道工正走向自己的岗位，准备为一列正在驶来的火车扳动道岔。此时，铁轨的另一头还有一列火车从相对的方向驶进车站，如果他不及时地扳动道岔，两列火车就会相撞，造成重大事故。

就在这千钧一发的时候，他无意中回头一看，发现自己的儿子正在铁轨的一端玩耍，而那列进站的火车就行驶在这条铁轨上。到底是抢救儿子，还是扳动道岔避免一场灾难？留给他去抉择的时间太短了，甚至，哪怕他再迟疑1秒，就既救不了儿子也挽不回事故了。

那一刻，他毫不犹豫地、语气威严地朝着儿子喊了一声“卧倒”，同时迅速地冲过去扳动了道岔。就这一眨眼的工夫，进站的火车进入了预定的轨道，而另一条铁路上的火车也呼啸而过。车上的旅客们根本不知道，他们的生命曾经千钧一发，他们更加不知道，一个小生命正卧倒在铁轨中间。

火车轰鸣着驶过，速度飞快，可对于扳道工来说，这段时间却无比漫长。幸好孩子毫发无伤，他迅速且如实地执行了父亲的命令，老老实实地卧倒在那里，这一幕刚好被一个从此处经过的年轻记者摄入镜头中。

人们在看过短片后纷纷猜测，那个扳道工一定是个特别优秀的人。后来，通过记者的采访大家才知道，那个扳道工就是一个普通的工人，他唯一的优点就是忠于职守，在工作的时候没有拖延过1秒。更令人惊讶的是，那个听到父亲的命令就迅速卧倒的孩子，竟然是一个弱智儿童。

他曾经一遍又一遍地告诉儿子：“你长大以后能干的工作太少了，你必须得有一样是出色的。”儿子听不懂他在说什么，依然傻乎乎的，可在生死一线的那个瞬间，他却立刻执行了父亲的命令，迅速“卧倒”——这是他跟父亲玩打仗游戏时，唯一听得懂并能做出的动作。

看到这里，你还会觉得拖延是无所谓的事吗？在当时的情境下，如果这位工人拖延1秒扳动道岔，就会酿成无法挽回的悲剧。因为他没有失职，火车上的乘客安然无恙；如果那个弱智的孩子拖延1秒去执行“卧倒”的命令，那也是一场巨大的浩劫。庆幸的是，这对父子在危难之际，都表现出了超强的执行力：1秒也没有拖延！

比尔·盖茨说过，凡是将应该做的事拖延着不立刻去做，而想留待将来再做的人总是弱者。

美国成功学家格林在演讲时，不止一次开玩笑地说，全球最大的航空速递公司联邦快递，其实是他构想的。大家都以为是调侃，但格林真的没有说谎，他确实有过这样的设想。

20世纪60年代，格林刚刚起步，在全美为公司做中介工作，每天都在发愁，怎么能将文件在规定时间内送达其他城市？当时，格林就在想，如果有人专门开办一个公司，能够提供将重要的文件在24小时内送达到任何目的地的服务，那该有多好！

这个想法在格林的脑海里停留了几年的时间，他也经常跟周围人说起这个构想，可惜的是，一切都只是想想，他没有采取任何行动。后来，一个名叫弗列德·史密斯的人真的去做了这件事，他就是联邦快递的创始人。富有创意的格林，就这样错过了开创事业的机会。

任何时候，都不要抱有“再等一会儿”“有空再说、明天再做”

要是有人能开一家公司，把我们的文件在24小时内送述到目的地就好了！
是呀！
…
联邦快递创始人

的想法，该解决的问题、该完成的任务，立刻就去做，1秒也不要推迟。选择执行后，也应当一气呵成，不要中途磨磨蹭蹭、拖拖拉拉，把所有的松懈和懒散的冲动都扼杀在摇篮里，要时刻提醒自己：最佳的开始时间是现在，最理想的任务完成日期是昨天。

歌德说过："只有投入，思想才能燃烧。既已开始，完成在即。"不管什么时候，当你感到拖延和懒惰正悄悄地向你逼近时，使你缩手缩脚、懒散懈怠时，请放下所有的幻想和借口，立即让自己行动起来！只有行动，才能战胜拖延与懒惰的坏习惯！

方法20 当时就把经手的问题解决掉，以最快的速度去做

［拖延者自白］

时间对我而言，向来都是“不够用”。我一直想不通，那些做着很大的生意、担任着重要的职位、每天要处理一箩筐任务的人，是如何做到神采奕奕、从容自如的？

说起“二战”，许多人都会想起一个名字——小琼斯。当年，就是这位年轻的华盛顿特区邮差将“二战”结束、日本人最后投降的消息送往美国白宫的。但人们并没有想到，琼斯在送信前往总统府时发生的小插曲，无意间耽误了“二战”结束的重要历史时间。

2006年4月，电影《信使》在美国上映，让这一段颇为有趣的历史情节在人们眼前重现。影片导演昆西·皮克林在宣传首映式上说：“在今天看来，这样富有历史意义的情节是不可被忽视的。”

那么，琼斯在送信的途中究竟发生了什么呢？

当年的《纽约时报》只是简单描述，他因交通原因耽搁了送信的时间，却并未透露其他细节。为了揭开谜底，影片对整个过程进行了

演绎。

1945年8月14日，琼斯在毫不知情的情况下，奉命向白宫送信。在送信途中，他抽出时间约了朋友共进晚餐，甚至还在餐厅跟女招待员调情。晚餐过后，他按照邮递地址驱车前往白宫。抵达后，由于违规打了个掉头，他被白宫的警察拦住，耽搁了几小时。

百转千折后，这封重要的信函总算到达目的地。当时，杜鲁门总统和幕僚们正在焦急地等待着这一转变战争命运的重要信函。导演皮克林说："琼斯害怕丢掉工作，根本不敢透露自己偷懒的细节。"

2005年12月31日，琼斯因病去世。在他生命垂危之际，影片导演皮克林特意找到他，进行了一次专访。这时，76岁的琼斯才把事实的真相道出。他回忆说，当杜鲁门总统接到信后，还问他："年轻人，你带了什么给我？"俨然，琼斯并不知道这封信的意义。在看过信后，杜鲁门拍了拍琼斯的头说："这是一个好消息，非常好的消息。"琼斯也因此斐然成名。

尽管这件事已过去多年，但依然值得我们深思。做事拖延、习惯偷懒的人，自认为没什么大不了，却不知多少宝贵的时间、重要的机会，都在漫不经心中溜掉了。

生活中常有这样的事发生，有人打电话找你，你却不在，同事转告你，让你抽空给对方回个电话。恰好你手里有其他的事，想着回头再说吧，就把这件事耽搁了。几天后，你突然想起来，才打电话给对方，得知前几天他刚好有一笔生意介绍给你，可一直没等到你，因为着急就给别人了。

工作的事情也是一样。老板交代你一项任务，告诉你最迟月底完成。你接过任务后，心想着还有半个月的时间呢，不必太着急，你有自信能够在规定时间内完成这项工作。于是，你每天不慌不忙地浏览着网页，搜集点儿相关的资料，和朋友聊聊天，想着在最后几天开始做也一样可以完成，不必太着急。况且，工作是干不完的，这会儿忙着做完了，肯定又会被派发新任务，连喘息的机会都没有。

休息得差不多了，你准备开始工作。没想到，计划赶不上变化，老板突然安排你去参加一个行业研讨会，显然这是老板对你的信任和器重，提升自己的机会怎能错过？你耽误了一整天的时间，但还是觉得没关系，大不了晚一天再开工。

到了第二天，意外状况又出现了，公司电脑集体中毒，全部需要维修。眼看着时间又缩短了一天，手里的任务却才刚开始做，无奈之下，你只好跟老板商量多给一天的时间。下班回家后熬夜加班，匆匆撰写出了一个方案，以此交差。

由于方案写得太仓促，新意明显不够，而客户催得又很急，连修改的时间也没有。最后，客户对方案非常不满，甚至提出取消合作。讲究原则、做事严谨的老板很生气，原本有才能、有创意的你，面对这样的情形，却不知该如何收场。

面对这种拖拉的习惯，该怎么解决呢？

V是一家大公司的负责人，每天的工作量很大，可什么时候见他都是神采奕奕的，似乎从未被工作之事困扰过。有人问他是怎么做到的，他说："当时就把经手的问题解决掉，以最快的速度去做这件事，不拖延。"

其实，公司的管理者也好，普通的小职员也罢，想提升工作效率，就要把该解决的问题即刻处理掉，一分钟也不要拖延。就像琼斯给白宫送信件一样，过程中的每一分钟都很重要，一旦拖延了，就可能影响最终的结果。

方法21

允许自己失败，曲线式的人生才是常态

［拖延者自白］

我有时候挺“恨”自己的，太胆小、太懦弱、太经不起事！有机会摆在眼前时，最先想到的永远是“万一做不好怎么办”？害怕失败，似乎是我的致命伤。

心理学家理查德·比瑞博士认为：一个人害怕失败，很可能是因为他们有着一套自己的思考假设，并且这些思考非常容易绝对化。

某大型企业的一位销售代表，虽然入职才两年多，可显赫的业绩足以让他傲视曾经一起进入公司的同事。他在公司里总是一副自信满满的样子，做事一丝不苟，再难缠的客户他也有耐心应对。眼看着业绩和奖金屡增不减，周围人都认为，他极有可能被提升为销售部主任。

顺利的职场生涯，并未给这个年轻的销售代表带来多大的鼓舞，尽管表面看来，他洋溢着自信，可他内心深处从来没有真正满意过。从大学时代起他就如此，不管做什么事都要殚精竭虑、未雨绸缪，竭力避免错误和失败。

按理说，人思虑周全是好事，做足准备是为了让自己没有遗憾，正所谓不求尽善尽美，但求尽心尽力。不过凡事有度，过犹不及。他对成功和完美的追求，实则是对失败的担心和对不完美的恐惧，他拼命努力的动机纯粹是为了避免失败、减少错误。

他从来不接受别人的鼓励，因为他把所有的精力都放在自己做不好和做不到的地方，总想着如何弥补这一点。在他心里，自己做好那是理所当然的，做不好却是不能被原谅的。可是，谁敢保证自己的事业会一直平步青云，没有摔跟头的时候?

终于有一次，他因为交通意外而迟到，遭到了某重要客户的指责，他再三解释，对方还是不依不饶，最终双方没能谈妥那笔生意。公司里公认的“金牌销售”没能维护好客户关系，丢了一大笔生意，这个消息很快传遍了公司。一向追求完美的他，灰心丧气，觉得自己很无能，竟然犯了如此“低级”的错误，他自责不已。

在那一个月里，他整个人郁郁寡欢，平常给客户打电话都很热情的他，现在说话有气无力，做事一点儿斗志也没有，他时常回想起自己和客户见面那天发生的情景，想着想着自己就烦躁不已，恨不得时光倒流，重新来过，让他把所有处理得不够完美的地方都修补一下，改变现在的结果。

当局者迷，旁观者清。他纠缠在搜寻缺陷和“全有或者全无”的思维里，无异于自掘陷阱。在他看来，一生中都顺利而不摔跤是完全有可能的（当然也是值得期待的），所有失败都是可以避免的，避免失败是他能力范围内的事。

一位终日消沉的历史学家曾说：“如果我没有完美主义，那我只是一个平庸的人，谁愿意空活百岁而碌碌无为呢？”在他心里，完美主义是自己为取得成功而必须付出的代价，他相信实现完美是让自己达到理想高度的唯一途径。然而，实际的情况又如何呢？他太害怕犯错，太害怕失败，这种恐惧感让他在做事时如履薄冰，工作效率比其他同事差远了。反倒是那些抱着一颗平常心看待错误的人，在自己的领域里做出了不少成就。

顾城有一首诗是这样写的：“你不愿种花，你说，我不愿看它一点点凋落。是的，为了避免结束，你避免了一切开始。”

不得不说，这是一种消极的完美主义。一旦这种信念蔓延开来，整个人会觉得无力、无望，甚至是无用，最后停止一切尝试。追求完美也许会让一个人获得成功，但能够获得成功并非是对完美的苛求。

其实，错了就错了，是人就会犯错误，知错能改，善莫大焉，有什么大不了的呢？有谁的人生是直线式的呢？哈佛教授沙哈尔在其“幸福课”中反复重申着这样一个观点，“give ourselves the permission to be human ”，直译过来便是：允许自己成为人！这里的“人”是指会有七情六欲，在生活中会有起起伏伏的人。

沙哈尔教授也曾是一个完美主义者，一直期望着能够过着从起点A直接通往终点B的生活。可事情不总是如此完美，当他经历了一段漫长的煎熬的岁月后，他开始调整自己，力求成为一个追求极致，但允许自己失败的人，并深刻地认识到，曲线式的人生才是常态。

西班牙著名作家塞万提斯说过：“对于过去不幸的记忆，构成了新的不幸。”

对过去的失误或失败，有机会补救，那就尽力补救；没有余地挽回，那就坚决把它抛到一边，重新找寻新的方向。不要觉得失败一次，整个人生就失败，更不要因此停滞不前。很多拖延和无为，并不是源于环境和境遇，而是我们钻了牛角尖，舍本逐末。

方法22 无关紧要的东西，完全没必要吹毛求疵

[拖延者自白]

我觉得自己有“强迫症”的倾向，不管大事小事，都希望把它处理到完美，哪怕是一点点小瑕疵，也会成为我眼中的沙子。有时，为了处理掉“一粒沙子”，我会耗费大量的时间，直至自己满意。可往往这时，距离deadline已经很近了。

一位富翁家财万贯，他希望自己的一切都是最好的。

有一天，他的喉咙发炎了。按理说，这不过是个小病而已，找个普通大夫就能看好。可是，富翁求好心切，非要找天底下最好的大夫来给自己诊治。

他花费了大量的金钱，走遍了各地寻找名医。每到一个地方，都有人告诉他这里有名医，可他认为其他地方一定还有更好的医生，就拖着没有治疗，继续寻找。

直到有一天，他路过一个偏僻的小村庄时，突然感到喉咙疼痛难忍。此时，他的扁桃体已经化脓，病情十分严重，必须马上开刀，否

则性命难保。可这里没有一个医生，这个富翁就因为扁桃体炎一命呜呼了！

看完故事，你是不是也联想到了什么？我们是强调做事要注重细节，但凡事有度，过犹不及。完美主义的拖延者，就像故事中这个富翁，习惯走极端，对待任何东西都吹毛求疵。其实，对一个无关紧要的瑕疵，有什么必要非得那么固执呢？

茱莉亚·卡梅隆说过：“完美主义其实是导致你止步不前的障碍。它是一个怪圈——一个强迫你在所写、所画、所做的细节里不能自拔，丧失全局观念又使人精疲力竭的封闭式系统。”

一棵大树，最主要的部分不是它的枝枝杈杈，而是它的主干。很难想象，没有主干的大树，如何能枝繁叶茂？一栋大厦，先要将其建成，使它存在于世界，而后才能对它进行各种各样的装饰，在灯光闪烁中感受它的美丽与壮观。

生活中的任何事物都是如此，必须先有关键的主体方向，而后再强调细节。比如，你正在进行一个活动策划，策划的方案、主题都还未构思好，你却想着如何布置场景，该采购什么小礼品，虽然这都是日后必须要做的事，但就现在而言，这些功夫就是白费的。没有一个主题，如何定风格？没有风格和定位，如何知道购买什么样的装饰品？

细节不是不该重视，而是应该在全局确定的基础上去完善它。忽略整体而一味追求细节，只会让自己基本接近完成事情时功亏一篑。比如，一些无关紧要的事情，你非要将它和主要的工作同等对待，花费 样的时间，这就是舍大求小了。时间是宝贵的财富，在不必要的细节上浪费宝贵的时间，就好像花重金买了一个没有用的廉价物品。

有心理学家分析说：完美主义者特别在意别人的评价和反应，强烈期望社会的认同，强烈抵触消极的评价。为了不遭人非议，他们对自己很苛刻，要求自己必须把一件事做得漂亮、无可挑剔。所以，他们的压力比常人大得多，背负着重压来做事，内心肯定像是热锅上的蚂蚁，焦急难受。为了让自己舒服点儿，他们就可能会选择逃避，表现出更多的拖延行为。

太注重细节，会给自己造成一定的压力和精神负担。有些事情明明已经做得很好了，但是你还要让它达到完美。在追求完美的过程中，你会在潜意识里觉得“我很没用”“我不行”“这么简单的事情都做不好”，等等。自卑如泉涌般喷出，慢慢地，自信就在消磨中逐渐丧失，人也变得慵懒而拖沓，提不起精神。

细节固然重要，但全局意识更重要，拖延的人往往都是过分强调细节，忽略了时间和效率。做一件事时，总要在完成的基础上，再去修正和完善；总得先有轮廓和框架，再谈具体的内容。千万不要因为某种形式上的完美主义倾向而导致最后的拖延，却还不停地找理由说：“多给我一点时间，我能做得更好，我也真的想把它做得更好。”

这样的理由，在结果面前毫无意义。

方法23 人不能背叛自己，接受不完美的真相

【拖延者自白】

我是一个典型的拖延症患者，看起来总是一副拖拖拉拉、什么都不在乎的样子。其实，我的内心充满了对不完美的焦虑，尤其是无法接受自己不完美的事实。

圆环追求梦想的故事，想必你也听过。它着急忙慌地寻找着自己的理想之地，一路上什么都看不到，只听见风声在耳边呼啸而过。有一天，它不小心丢了自己的一部分，变得不完整了，不能再像从前一样快速地奔跑。可是，它看到了盛开的鲜花、流淌的小溪、飞翔的小鸟……圆环惊觉，自己费力地寻找着另外一部分，却忽略了如此多的美景。

其实，完美主义者又何尝不是如此呢？一直试图把事情做到最好，以避免来自他人和自己的批评，避免体验沮丧和失望。在追求完美的路上不停地奔跑，一旦失败就构成了自己不够好的证据，这样残酷的现实令人难以接受。于是，拖延就成了一个最佳的防御工具：如

果没有完成，那就没有成败可言。

人，只要勇敢面对真实的不完美，就不会对事情的结果进行灾难化的预期。考试，就只是一场考试而已；工作，就只是一份工作而已；报告，仅仅只是一份报告：这些成绩的高低、结果的好坏，不是评定是否有能力、是否值得爱和尊重的决定性和唯一性的指标。

考试失利了，工作没做好，报告不理想，不代表一无是处，你依然是你。你要做的，是想办法努力提升和完善自己，而不是终日忧虑如果没有完成会造成怎样的损失；你要做的，是承认这一次可能做得不太好，但至少开始行动了，而不是在任务面前蹉跎时光。

研究美国戒酒协会的第一人科兹曾经写过一篇文章，名为《人不能背叛自己》。

他在文章中提到，以前酒徒们戒酒难于上青天，不管是吃药还是心理咨询，或是求助宗教，都无法让他们彻底告别酒坛。然而，戒酒协会却创造了奇迹，不用药物，不用心理咨询，不通过宗教，只是让酒徒们聚会，讲自己的故事，听别人的故事，就让他们重获了新生。

酒徒们在聚会上，经常会说这样两句台词：

“我是一个酒鬼，我不完美，我承认自己对酒精毫无办法，我很无能、很无助，我需要帮助。”

“你不完美，我不完美，他不完美，我们每个人都不完美，不过没关系，真的没关系。”

戒酒协会就是用这样的办法，让很多酒徒们告别了酒精。它的独特之处，就是让酒徒们承认自己的不完美，放弃头脑中那个虚幻的自我，重获心灵上的自由。

可以想象得到，如果酒徒们一直幻想着自己是完美的，过分强调“我不能喝酒”“我太没出息”，那么往往就会破罐子破摔，认为自己没办法改变，无限拖延戒酒的行动。可当他们承认了自己是一个不完美的人，允许自己有短处，知道不一定能做到最好，但会尽力去做的时候，反而变得轻松了，也更容易做到。

有人曾说，人性之中那些丑陋的，那些让我们不舒服的，甚至是罪恶的东西，就深深地根植在我们的生命之中，甩不脱它，也杀不死它，因为，那就是人的一部分。但是，让我们的生活变得糟糕的，并不是人性中这些丑陋的东西，而是我们对丑陋的不接纳，不接纳的同时，又没有办法根除它。当我们承认了不完美是常态，接纳了那个有缺陷的自己，心里就不会再有拧巴的感觉了。

当你力求完美，用拖延来延缓焦虑的时候；当你钻牛角尖，为某些瑕疵纠结的时候，不妨对自己说：“你不完美，我不完美，他不完美，我们每个人都不完美，这不是什么大不了的事。”

当你对某件事物感到恐惧和不自信时，不要假装“我不怕”，你可以坦然地面对这一现实并对自己说：“我心里有点担心，不过没关系。”

当你萌生了贪婪、嫉妒的情绪时，不要否认它们的存在，亦不要埋葬自己的感觉，你可以坦然地告诉自己：“每个人遇到类似的情形，可能都会如此，没关系。”

当你接受了不完美的真相时，就会减少许多无益的抱怨，多了一份面对生活的从容。在做一件事时，你不会把结果当成衡量成败的唯一标尺，而是会投入到做事的过程中，享受那个不完美的自己在奋斗路上的美好感受，从而一步步地甩掉拖延。

方法24 转变做事的态度，把“我应该”换成“我想”

【拖延者自白】

朋友经常说我不够爱自己，没有把自己当成活生生的人，而是把自己当成机器。不管什么时候，总是有一堆“应该”做的事，把自己逼得像弦上的箭。不幸的是，逼迫到最后，也没有得到想要的结果。

G小姐被公司里的人私下称呼为“女神经”。

一直以来，她都过分追求完美，无论制订什么计划，都一心想着漂亮地完成。可很多时候她会发现，许多事都是想得好，却无法兑现。每次接到新的项目，她都暗下决心：我必须做到无可挑剔，我应该拿出最出色的方案。结果，好几次她的方案都被客户退了回来，说不符合他们的想法。

G小姐内心很受挫，可又不敢表现出来，怕上司说自己是玻璃心，但工作兴致一天不如一天。她觉得，如果不能让所有客户都满意，就证明自己能力欠佳。就这样，越追求完美，耗费的精力和其他资源就越多，痛苦也跟着增加。渐渐地，她开始不由自主地拖延了，经常加班加点、牺牲娱乐时间，可效率并不高。

其实，G小姐的情况并不特殊，几乎所有完美主义者都是这样。

他们不满足于“得过且过”“听之任之”，比一般人敏感得多。他们在生活中时刻追求完美，眼里容不得沙子，太有“原则性”，他们总觉得一件事“应该”达到什么样的标准才令人满意，可要够着这个标准实在难于登天，结果就让自己陷入了拖延和低效中。

同时，他们总是轻率地订下计划，然后义无反顾地执行。他们觉得，那是自己“应该”做的，必须要做完美的。隔不了多久，或者他们的计划即将完成时，他们又产生了疲倦的感觉，因为手里还有太多太多的计划“应该”去做。日积月累，“应该”的心态让他们每天生活在忙碌、焦急和挫败中，因为有太多“应该做的事”，而那些“应该做的事”似乎永远都做不完。

然而，人不是机器，到了一个临界点的时候，就会“做不动”，而走向另一个极端。

直到有一天，身边要好的朋友提醒G：“你不觉得，你的生活中有太多‘应该’了吗？‘应该’这个词，意味着一种权威决定的方式，让人很有压力。为什么不试着用‘可以’这个词呢？它代表着你有权利、有能力和义务去选择做什么、什么时候做。这比‘应该’更加自主。”

朋友这番话点醒了G小姐。她一直担心自己没有了“应该”的准则约束，就难以有出色的表现。可是，这份“应该”带给她的并不是预期的结果，反而是罪孽感、沮丧和怨恨。每做一件事的时候，脑子里全是“我应该”，而不是“我想做”，根本体会不到做事的快乐和成就感，完全就像一个强制执行的机器，痛苦不堪。

想想看，当你决心要减掉5千克体重的时候，你总是不断地强调“我应该每天跑步5公里”“我应该少吃一点儿”……带着这种想法，一旦没有跑完5公里，一旦多吃了两口东西，你内心的负罪感立刻就会萌生，觉得前功尽弃了。一次、两次之后，减肥的信念就会动摇，因为觉得自己做得不够完美，也不想面对这份不完美，索性就不再继续了。

何不尝试着换一种方式呢？从决心减肥的那一刻起，提醒自己“我最好是控制一下饮食”“我希望能变得健康一些”“我可以做一些有氧运动”……少了强制性的“应该”，用轻松的心态去面对要做的事，没有急功近利和权威式的命令，当自己真的开始控制饮食，改变了过去“一动不动”的状态时，就算没有完成5公里，没有按照热量表计划饮食，内心依然会有一种喜悦感和成就感，至少自己开始做了。这样反倒更容易坚持，也更容易成功。

当你做每一件事情时，是因为你想做而去做，而不是因为应该做而去做的时候，你会惊讶地感受到，你的内心无比自由，你比从前更自律了，也更乐意告别拖延了。

方法25 调整对完美的认知，放弃无谓的固执

【拖延者自白】

在我内心深处，一直觉得自己必须要完美，所做之事要达到完美的标准，才会被外界认可和接受。为了达到这个标准，我付出了很多，可结果却恰恰相反，非但没有被人认可，反倒被怀疑能力有限。

就完美主义的人而言，他们在认知方面或多或少都存在着偏差。在他们看来，只有完美的人，才有资格被爱；只有完美的东西，才能被周围人接纳；只有站在金字塔尖上，才算是成功；一次失败，就意味着人生从此变得暗淡无光。

A从孩童时代起，就生活在巨大的压力下。严苛的家庭氛围，要求他必须在各个方面都做到出色。他都渴望自由，羡慕那些在外玩要的同龄人，也对埋头苦读深感厌倦，可是为了实现目标，他不得不那么做。随着年龄的增长，家人对他的要求越来越多，目标的实现难度也越来越大。

成年之后，A延续了这样的思维模式，虽然他不是那么喜欢，但

习惯的力量无法阻挡。他无法接受一点点瑕疵，虽然他已经是运动队里的骨干，可父亲依然没有给予他认可，还是在不断地对他提要求。退役后，他开始进修学业，并获得了法学硕士学位，在一家规模中等的律师事务所工作。可他内心深处还是觉得自己的人生很失败。当周围人问起原因时，他总是说："如果不能做到最好，一切都是徒劳。"

受这种错误认知的影响，他每次做出的辩护都是滴水不漏的。可是，为此他也花费了大量的时间和精力，不停地揣摩、不停地寻找，找到所有能够支持他辩词的证据。然而，最终的结果却跟他的付出不成正比，他总是拿不准辩护的方向。

人的思想各不相同，能力高低有别，不可能事事都要求胜过别人。有时我们希冀着找到最大的"树枝"，觉得那样的结局才完美，却不知道很多事完美与否并不在于结果，而在于你是否竭尽所能。诚实、努力、尽心而为，当你遵行了这样的信念去生活时，即便沿途两手空空，但到最后你仍然会发现有丰硕的果实等着你。

美国作家哈罗德·斯·库辛说过："生命是一场球赛，最好的球队也有丢分的记录，最差的球队也有辉煌的一天。我们的目标是尽可能让自己得到的多于失去的。"世间找不到绝对完美的艺术品，更找不到绝对完美的人。如果认不清这个道理，过分地追求完美，就如同把梦幻带到现实，最终只会让自己失望和沮丧。

还记得那个故事吗？渔夫从大海里捞到了一颗晶莹剔透的珍珠，

喜爱不已。美中不足的是，珍珠的上面有个小黑点，渔夫心想，若是能把这个小黑点去掉，岂不是更完美了？可是，渔夫剥掉了一层之后，发现黑点还在，于是他又剥了一层。就这样，他一层层地剥到最后，黑点没有了，可珍珠也不复存在了。

白璧微瑕，美得自然，美得朴实，美得真切。只可惜，渔夫一心想的是美到极致。为了消除那一点瑕疵和不足，他失去了罕见而可贵的珍珠，那朴实无华、不掺虚假的美，也随之殆尽了。完美就是美吗？未必。美的价值往往在于它的完整，而不是没有丝毫残缺。

完美不过是一种理想境界，可以无限接近，却不可能达到。如果非要执着地追求完美，那就是无谓的固执。固执带来的结果很明显，怎么做都达不到完美，内心却还纠结于此，由此产生拖延的行为，到最后得不偿失。

方法26 人永远跑不过时间，但可以合理利用时间

［拖延者自白］

我自诩并不懒惰，每天起早贪黑，至少花12小时待在办公室里。即便忙成这样，效率也不高，临近回家还觉得有一堆事情没处理完，也不知道时间都去哪儿了？

为什么会出现这样的情况呢？拿破仑·希尔说得好：“利用好时间是非常重要的，一天的时间如果不好好规划，就会白白浪费掉，时间就会消失得无影无踪，我们就会一无所成。事实证明，成功和失败的界限在于怎样分配时间、怎样安排时间。”

时间是世上最公平的东西，每个人拥有的时间都是一样的，就看谁会利用。一个人会不会利用时间，不是看他做了多少形式上的努力，而是看他有没有能力让每一分、每一秒都产生最大的效益，在同样的时间内高质量地完成要做的事。

按照常理来说，一天工作8小时，每小时60分钟。那么，在现实中，1小时究竟有没有60分钟呢？坦白说，没有。因为我们真正利用

起来的时间，1小时中往往只是重要的几分钟、十几分钟而已。现在，我们不妨通过一个试验测试一下：一天中究竟有几小时是有效的？

找一个笔记本，把一天分成三个8小时的区域，再把每小时画成60分钟的小格。在一周的时间里，我们可以随时把自己所做的事情记录在表格里，连续做完一周，回头再来看，就会发现自己浪费了多少宝贵的时间。接下来，我们就会知道如何去做事了。

我们时常会提到“事半功倍”，大致意思就是，花费一半的力量，得到数倍的效果。能够实现此目标的人，不一定都是非常聪明、行动特别快的人，还有很大一部分是懂得“一时两用”的人。

人是跑不过时间的，但只要会利用时间，也可以创造不少价值。谁善于利用时间，谁的时间就会变得“超值”。但凡在某个领域内表现出色的人，通常都有让他们获得成功的习惯和方法，比如，善于进行时间管理。

美国一家知名公司的董事长赖福林就是一个管理时间的高手。他每天早上6点到办公室，先用15分钟阅读经营管理哲学的书籍，然后全身心地投入到年度内必须完成的工作中，思考该采取的措施和必要的制度。

紧接着，他会考虑一周内的工作，把本周的工作全部列在黑板上。之后，他会利用在餐厅和秘书一起喝咖啡的时间，与秘书商量几项他认为重要的事情，小到孩子入托，大到公司发展的方针政策，而后做出决定，让秘书去操办。

这样的工作方法，让赖福林大大提高了工作效率，也推动了企业整体绩效的提高。

效率源自优质的方法，而非无限地延长时间。所有的时间管理专家都不赞成为了完成工作任务而加班，那样会把工作的战线拉得越来越长。真正好的工作方法，应当是提高时间的利用率，这样不仅能保证工作高效地完成，还能从中享受到工作的乐趣，而不至于牺牲休息的时间。

时间管理大师哈林·史密斯曾经提出一个“神奇3小时”的概念，即抓住早上5：00到8：00的黄金时间。如果晚上10点休息，早上5点起床，睡眠时间就是7小时；如果晚上12点睡觉，早上7点起床，睡眠时间也是7小时，所以我们在这里提倡“早睡早起”，运用“神奇三小时”法则，战略性地调整一下休息和工作时间，在头脑清醒的时候做一些重要的事情。

金钱能够储蓄，经验可以积累，唯独时间不能够保留。要成为高效能人士，必须培养时间管理意识，唯有善于掌控时间，才能从“忙碌”中抽身，摆脱拖延而无收获的状态。

方法27 遵循四象限法则，把时间用在重要但不紧迫的事情上

［拖延者自白］

焦头烂额是我一贯的工作状态，桌子上铺着一堆的文件，电脑里打开N多个窗口，每天都有做不完的事，每天也都没有“闲着”，可到头来，该做的事情、重要的事情，还是被耽搁了。

谁能在有限的时间里最大限度地减少浪费，谁就是赢家。

伯乐恒钢铁公司的总裁理查斯·舒瓦普，曾为自己和公司的低效率烦恼不已，最终他选择向效率专家艾维·李求助，希望他能帮助自己，使自己掌握在短时间内完成更多工作的方法。

艾维·李说：“没问题！我10分钟就可以教你一套至少可以提高50%工作效率的办法。把你明天必须做的最重要的事情记下来，按照重要程度编上号码，最重要的排在首位，以此类推。早上一上班，马上从第一项工作做起，一直做到完成为止。然后，用同样的办法对待第二项工作、第三项工作……直至你下班为止。

“即便你花费了一整天的时间才完成第一项工作，那也没关系，

只要它是最重要的工作，就坚持做下去！每天都这样做，在你对这种方法的价值深信不疑后，让你公司的员工也这样做。这个办法你愿意试多久都可以，然后给我寄张支票，填上你认为合适的数字。”

舒瓦普照此执行后认为，这个方法很奏效，不久就填写了一张25000美元的支票给艾维·李。

后来，舒瓦普一直坚持用这套方法。5年后，伯利恒钢铁公司就从一个鲜为人知的小企业一跃成为最大的、无须外援的钢铁巨头。舒瓦普经常对自己的朋友说：“我和整个团队坚持捡最重要的事情先做，我认为这是我的公司多年来最有价值的一笔投资！”

要成为一个不拖延、高效能的人，就要把时间用在最重要的事情上。

那么，何谓最重要的事呢？它应当符合5个标准。

标准1：完成这件事让你更接近自己的主要目标（年度目标、月目标、周目标、日目标）。

标准2：完成这件事有助于你为实现组织、部门、工作小组的整体目标做出最大贡献。

标准3：完成这件事的同时，可以解决其他许多问题。

标准4：完成这件事能让你获得短期或长期的最大利益，如升职加薪等。

标准5：完不成这件事，会产生严重的负面作用，如生气、干扰、责备、失业等。

其实，这与意大利经济学家帕累托提出的“二八法则”很相似：80%的财富流向了20%的人群，而80%的人只拥有20%的财富。对于时间管理而言，它也同样适用，即把80%的时间花在能出关键效益的20%的事情上。

那么，如何才能把握住那关键的20%的时间呢？这就不得不提“四象限法则”了。

四象限法则是著名管理学家科维提出的一个时间管理理论，即把工作按照重要和紧急两个不同的程度进行划分，基本上可以分为四个象限：既紧急又重要、重要但不紧急、紧急但不重要、既不紧急也不重要。我们每天要面对的事情，全部包含在这四个象限中。

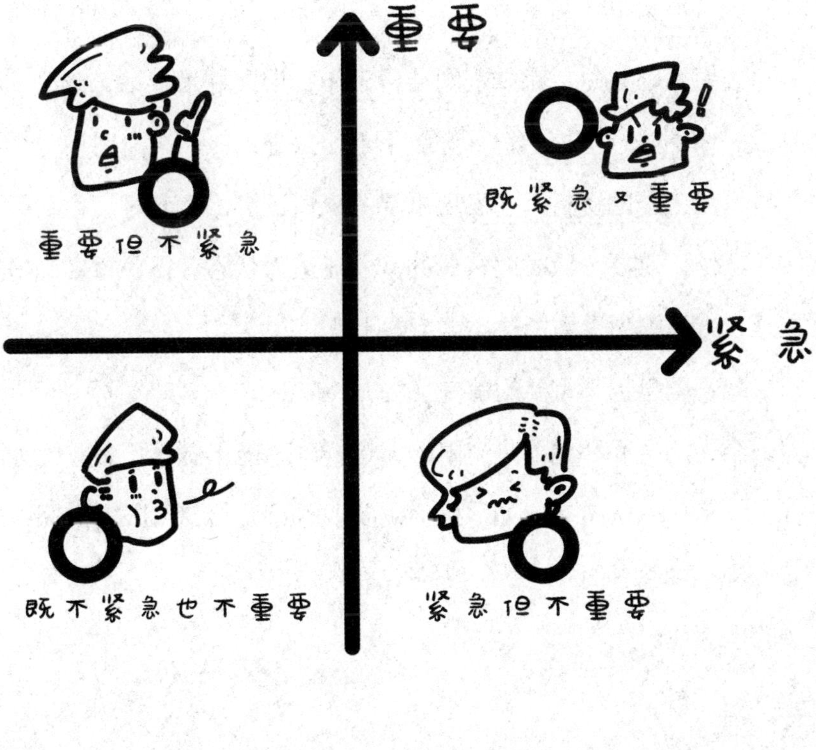

◎紧急又重要的事

这类事情是最重要的，且是当务之急要解决的。它们可能是你实现事业和目标的关键环节，也可能与你的生活息息相关，比其他任何一件事都值得优先处理。唯有先把这些事合理高效地解决掉，才有可能顺利地进行其他工作。

◎重要但不紧急的事

生活中，大多数较为重要的事不都是很紧急，比如培养感情、节制饮食、提升自我等。这些事情关乎我们的家庭、健康、个人学识，自然是重要的，但它们并不紧迫，所以我们习惯一直拖延着。直到有一天，看到了不好的结果，才后悔当初为何没有早点重视和解决。

◎紧急但不重要的事

这类事情很常见，比如刚刚准备工作，朋友打来电话，邀约一起去吃饭。你不好意思拒绝，只好放下工作去赴约。回来之后你觉得很累，再看见工作的资料，才发现重要的事情还没做。此时，你已经无法安心工作，需要一段时间来缓冲，才能进入状态。很多重要的事情被拖延，就是因为受到了这类事情的干扰。

◎既不紧急也不重要的事

一个人的时间和精力是有限的，这样的事能不做就不做，比如看电视、听音乐、玩游戏。如果确实需要做，就要给自己限定时间，比如看电视1小时，时间到了立刻停止，不要让自己被这些无聊且无关重要的事缠住。

有些人总把紧迫的事当成重要的事，这是一个误区。

紧迫的事情通常是显而易见的，但也是比较容易完成的，如接听电话、收发邮件等，但不一定很重要。我们应当把时间用在那些重要但不紧迫的事情上，如做一个策划案、一个创意书，虽不要求立刻做好，但绝对是最有价值的事，它直接决定着你的工作业绩。

当你懂得把时间用在最具有“生产力”的地方，把精力用在最具价值的事情上，生活和工作对你而言就不再是一场无止境、永远也赢不了的赛跑，而是可以带来丰厚收益的活动。

方法28 不是所有的付出都有回报，人得学会聪明地工作

［拖延者自白］

有时心理很不平衡：上班的时间，我从不偷懒，可还是经常有“干不完”的活。上司误会工作不够专心，殊不知，我也被那些七零八碎的事情烦得不可开交！

在公司担任部门主管的H小姐，最近被工作累得几近崩溃。

早上9点来到办公室，桌子上就摆着一堆待审文件，还有一份重要的活动策划案。她看了一下，正琢磨要怎么处理时，另一位同事就提醒她，领导要召开临时会议，所有人都要去会议室。没想到，这个会一直开到了中午，刚走回办公室，就有电话通知，说有一位客户要来访，中午得安排应酬，跟客户谈事情。

到了下午2点多，客户才离开，没想到部门里还有一堆杂事等着，一会儿有人来询问，一会儿有人告知新任务。她一边回复，一边看邮件，正考虑先回复哪些的时候，领导又说目前的考勤制度有问题，需要调整一下，让她着手做这件事。

就这样，忙忙碌碌了一整天，等H小姐准备下班回家时，员工提

醒她："那份活动策划您看了吗？还没有批示呢！"这时，H小姐才忽然想起来，早上的那一摞文件，还依旧原封不动地躺在桌上。既然还有没干完的活，自然就得继续加班了。

美国的时间管理之父阿兰·拉金说过："勤劳不一定有好报，要学会聪明地工作。"

为了能成为一名出色的建筑师，安德鲁·伯利蒂奥从来不愿浪费1秒的时间，只要时间允许，他就会拼命地工作。所有认识他的人都说："看，安德鲁·伯利蒂奥真是太会珍惜时间了！"

每天他都要花费大量的时间进行设计和研究，除此之外，还要处理许多其他方面的事务，忙得不可开交。他总是风尘仆仆地从一个地方赶到另一个地方，不放心把事情交给任何人，事事都得亲自过问、亲自参与才放心。时间长了，他自己也觉得很累。

曾有人问他："为什么你的时间总显得不够用呢？"

他笑着说："因为我要管的事太多了！"

后来，一位教授语重心长地跟他讲："人，大可不必那样忙！"

听到这句话的一瞬间，安德鲁醒悟了。他发现，虽然自己每天都在忙，可大部分的时间都花在了那些七零八碎的事情上，而真正有价值的设计工作都是靠着挤出来的一点儿工夫创作出来的，质量自然受到不小的影响。

如梦初醒的安德鲁，彻底改变了做事的方式：他把无关紧要的小事交给自己助手，而自己全身心地投入最有价值的事情上。很快，他的传世之作《建筑学四书》问世了。至今为止，这部作品仍然被许多

一个月后
以往需要两三个月的工作，我现在一个月就完成了！

建筑师们誉为“圣经”。

成功学大师拿破仑·希尔，曾经归纳了4条做不值得的事情的坏处。

◎不值得做的事情会让你误以为自己完成了某些事情

◎不值得做的事情会消耗时间和精力

◎不值得做的事情会浪费自己的有效生命

◎不值得做的事情会生生不息

那么，如何才能不把时间浪费在不值得做的事情上呢？

建议大家不妨在每个工作日的早上，列出当天你要完成的3件最重要的事，并按照重要性的排列，先专心地做完第一件，再做第二件、第三件。只需要一个月的时间，你就会发现，你的工作效率得到了明显的提高，甚至你可能完成了看起来要花费两三个月才能做完的事情，而且时间似乎也变得“多”了起来。

为什么会这样呢？因为，这可以帮你做出选择，让你把时间和精力用在最值得的事情上，而免遭琐事的干扰。事实上，对绝大多数人来说，一生中的多半时间都是花在无关紧要的事情上。当你养成了只做有价值之事的习惯，你就等于得到了比他人多出一倍以上的时间和精力。

台湾作家李敖在《选与落选》中谈到过人生的选择，在此借用一段话作为总结：

“你的生命是那么短，全部生命用来应付你所选择的，其实还不够；全部生命用来做你只能做的一种人，其实还不够。若再分割一部分生命给‘你最应该做的’以外的——不论是过去的、眼前的、未来的，都是浪费你的生命。”

方法
29

充分利用并放大一天中最好的黄金时间

［拖延者自白］

有时，我会觉得情绪饱满、精神焕发，做什么都很顺利；有时，我又会觉得浑身疲乏、情绪低落，丝毫不想动弹，什么事都往后拖延。难道，只是因为心理上的惰性？

人不是机器，不能每分每秒都保持高速运转，谁都无法做到时刻精力充沛、干练有余。因为，这里存在一个“黄金时间”的问题。

早在20世纪初，英国医生费里斯和德国物理学家斯沃伯特就发现了一个奇怪的现象：有些患者因为头疼、精神疲倦等，每隔固定的天数就会来就诊一次。在跟这些患者深入沟通后，他们分析总结出一条规律：人的体力状况变化以23天为一个周期，人的情绪状况变化则以28天为一个周期。20年后，另一位叫特里舍尔的人，又根据自己学生的智力变化分析总结出：人的智力状况变化以33天为一个周期。

在这些理论基础上，后来的科学家们又陆续发现了一些事实：人的体力状况、情绪状况、智力状况按照正弦曲线规律变化；人的“生物三节奏”中，又可分为“高潮期”“低潮期”“临界点”和“临界期”。

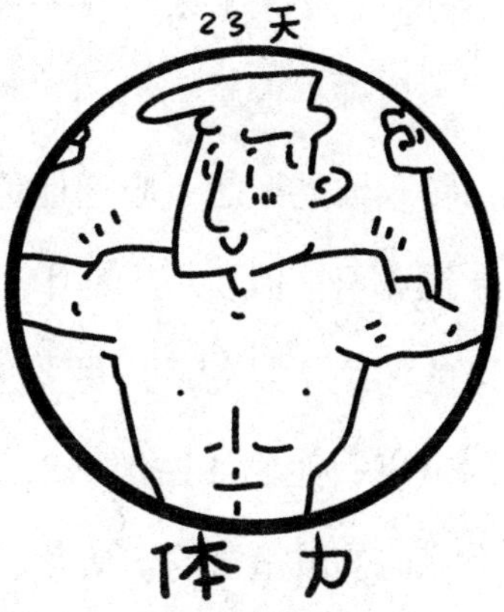

人在“高潮期”时，心情舒畅、精力充沛，工作效率最高；人在“低潮期”时，心情低落，容易疲劳，工作效率较低；在“临界点”和“临界期”时，人的体力、情绪、智力会呈现不稳定的状况，工作易出现失误。

这种体力和大脑功能，即便在一天的时间内，也存在起伏变化。通常，一天有3个黄金时段，分别是10：00—11：00，15：00—17：00，20：00—21：00。这3个黄金时段，做事的效率较高，适合从事具有难度和挑战性的工作。

N过去是一个拖延症患者，他从来没听说过“黄金时间”，经常是胡子眉毛一把抓，在最好的时间里打一些不重要的电话、回复一些不重要的邮件，白白浪费了黄金时间。等到该做重要的事情时，他又提不起精神了，脑子变得很迟钝。一整天下来，效率很低，人也很累。

后来，他看到公司一些业绩不错的同事，日子好像过得特悠闲。当时，他就在想：难道他们有超能力？显然，这是无稽之谈。后来，通过观察，他发现了其中的秘密：这些同事做什么事情都是有时间安排的，绝不是想一出做一出，基本上都很有规律的。比如，上午9点到11点，他们往往都习惯于打电话、谈判；下午5点以后，就很少再看见他们做重要的事情了。

之后，N花费了一些时间，对自己每天的精神状态、工作状态做了一个详细的分析和总结。

7：00—9：00，身体刚刚苏醒，大脑处于空白状态，头脑比较清晰。将一天的工作计划归类整理，对各项事务进行分工，在头脑极度清醒的状态下，做事条理清晰，思维敏捷。获得一天中最重要的信息，合理安排好自己的工作时段，做一个小小的计划。

9：00—10：00，真正的黄金时期，思维高速运转，大脑活跃，此时安排做一些重要的事情，如电话回访、客户谈判、设计创造等，让重要的事情在这段时间得到快速的解决。

10：00—11：00，思维逐渐达到高峰，身体处在最佳状态。把当天的会议、报告或者汇报等工作处理得很完美。这段时间不能放松自己，把自己最好的状态贡献给最重要的工作。

11：00—12：00，身体有些疲劳，需要稍稍休息一下，饥饿感在逐渐传递，可以回复邮件、整理资料，把昨天遗留的事情处理完毕。

必要的时候，和同事讨论一下工作上的进程或者计划。

12：00—13：00，整个人处于困倦状态，稍稍休息调整，为下午的战斗打好基础。

14：00—16：00，精力已经恢复，做一些高难度的复杂计算，加快步伐把全天工作最核心的部分处理完毕。充分利用这个黄金时段，一天的任务基本上就有了保障。

17：00—18：00，各种疲劳相继出现，放弃一些思考难度大的问题，让自己的思维得到放松的同时，身体上继续为工作忙碌。体力上的劳动可以暂时转移精神上的疲惫状态，劳逸结合的同时，也没有耽误正常的工作。

晚饭后，静下心来整理一天的资料，做个简单的复习和回顾，或写下总结和明天的安排。

当尝试着充分利用并放大一天中最好的黄金时间后，他欣喜地发现，工作效率比其他人高出了许多。不知是不是巧合，就在他掌握了黄金时间的规律后，也迎来了工作生涯中的第一次升迁机会。

黄金时间在任何人的生命里都是平等的，不是你有我没有、我有他没有。问题是，一定要学会找到属于自己的黄金时间，并进行合理利用。

方法30 生命是时间积累而成的，零碎的时间也别轻易浪费

［拖延者自白］

一直都想给自己充充电，在业余时间学点东西，可无奈身不由己，每天工作就要花掉近一半的时间，真不知道那些身兼数职的人，都是从哪儿“偷”来的时间？

时间就是生命，这句话我们每天重复无数遍，但是有多少人拿着那些看似几分几秒的时间在浪费呢？他们内心也渴望做点事情，但总是会说“时间不够用，等闲下来的时候再说吧”，事实上，他们是把“空”的时间和“闲”的时间混淆了。不信你看，多少人在电脑前刷着微博、打着游戏，可就是找不到“空”的时间去做那些重要的事。

麦肯锡公司曾经作过一个调查，清晰地展示了人们空闲时间的秘密。这份抽样调查表明：美国城市居民每周平均每日工作时间为5小时1分钟；个人生活时间为10小时42分钟；家务劳动时间为2小时21分钟；闲暇时间为6小时6分钟。这四类活动时间分别占总时间的21%、44%、10%和25%，每一天人们都是这样度过的。10年来，人们的闲暇

时间增加了69分钟，闲暇时间占到一个人生命的1/3。

中国人每天在电视前的时间是3小时38分钟，日本人和美国人每天在看电视上花费的时间分别是1小时37分钟和2小时14分钟。此调查报告还显示，本科以上高学历者的工作时间是低学历者的3倍，平均日学习时间为50分钟，收入是低学历者的6倍以上。

很多人都觉得，人与人之间的贫富差距、成就高低，都是因为环境、机遇、能力和性格等方面的差异导致的，事实却像爱因斯坦说的那样："人的差异在于利用空闲时间。"

鲁迅先生从不浪费自己的时间，他说，"我把别人喝咖啡的时间用在了写作上"，所以他一生才能为我们留下600万字的作品。你在喝咖啡，他在车上打盹儿，别人在读书写作，看似只有一点点的差别，但是积累的时间长了，结果必然大相径庭。

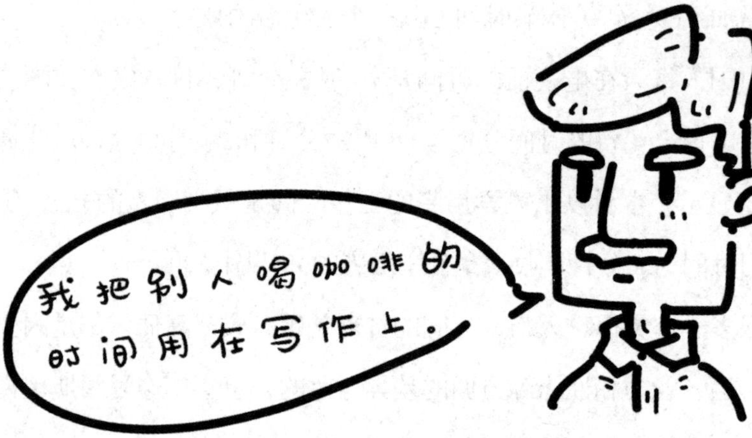

加拿大医学教育家奥斯勒，他成功地发现了第三种血细胞，同时也赋予了闲散时间以生命的神奇。他非常珍惜自己的时间，所以特意给自己制定了一个制度，那就是睡前必须读15分钟的书。无论忙碌到多晚，哪怕是凌晨两三点钟，进入卧室以后也要读15分钟的书才肯睡觉。这样的制度，他坚持了整整半个世纪，共读了千余本书、八千多万字，医学专家由此变成了文学研究家。

斯宾塞说过："必须记住我们学习的时间是有限的。时间有限，不只是由于人生短促，更由于人事纷繁。我们应该力求把我们所有的时间用去做最有益的事情。"

生活中最让人难过的事情是，比你优秀的人比你更加知道时间的宝贵，比你更加努力。你看，但凡有点成就的人，没有一个不把时间当成生命中最宝贵的事情，没有一个不为浪费时间而感到痛苦，更没有一个把重要的事无止境地往后拖。

艾米是一家公司的设计师，虽然工作任务不轻松，有时甚至许多设计方案都积压在一起，但艾米从不慌张，都能从容应对。几年过去了，公司里的设计师来了一个又一个，但艾米却一直稳稳当当地占据着一把手的位置。

艾米说："有时候真的很忙，但不管多忙，我都会在忙碌的时候合理安排一下时间，随时待命，见缝插针。闲下来的时候，我也很少玩游戏，自己在网上学习，翻看一些设计类的书，看其他设计师的排版和效果，不断给自己补充新知识，不断充电。"

时间最不偏私，给任何人都是24小时；时间也最偏私，给任何人都不是24小时。因为时间是死的，我们的思维却在活跃着。

每天8小时的工作时间，上网看微博的时间，完全可以用来收发邮件；中午和同事闲聊的时间，完全可以闭目休憩一会儿；路上等车、坐车的时间，完全可以用来听书……其实，时间就像海绵里的水，只要愿意挤，总是会有的，只看你是不是知道如何轻松地利用。

从现在开始，盘活你的闲散时间吧！你会给自己创造不一样的未来。记住：生命是时间累积而成的，零碎时间也是生命的一部分，只要用心，任何时间都不会被浪费掉，积少成多就会让生命变得充实而厚重。

方法31 把deadline往前提一下，给自己制造紧迫感

【拖延者自白】

接到新任务的时候，总觉得距离截止日期还早着，不用太着急，算计着完全能够做好。谁曾想，这时间就跟“假”的一样，中途就穿插了一点其他的事，立马就到了deadline。本无心拖延，到最后还是拖延了。

美国作家约翰·丹尼斯说过一句尖锐却很实际的话：“时间不允许浪费。你必须高效率工作，活得像明天要死去一样。”

对于有拖延习惯的人来说，这无疑是当头一棒，他们总是觉得截止日期还早，不用着急，结果拖着拖着就过了最后期限。如果每件事都如此，一年下来就会浪费不少时间，而这些时间完全可以省下来，进行自我提升。

如果你平时就有拖延的毛病，那不妨主动把截止日期往前提一下，增加内心的紧迫感，给自己腾出一个“缓冲期”。如此，在发现问题的时候，也有时间来进行补救，按部就班地开展工作，就不至于

截止日期为8月1号！
在7月20号之前完成
7月19日
完成啦！

在最后阶段临时突击，工作质量自然不会受影响。

好莱坞传媒大亨巴瑞·迪勒曾被员工称为“吸血鬼”。听起来很可怕，是吗？这样的绰号源自他善于督促员工。在担任派拉蒙影业公司总裁时，巴瑞·迪勒给人们印象最深的一句话就是：“抓紧时间，忘记上映日期吧！你的工作就是要尽可能地完成手上的工作。”

为了促使员工更快地完成工作，巴瑞·迪勒还会采用一些看起来颇为幼稚的方法。比如，给制作人员发放一张假的计划表，把所有的完成日期都提前一到两个星期。有下属曾经质疑他的做法，而巴瑞·迪勒的解释是：“这样的话，即便他们耽误了工期，你还是有时间进行补救的。”

确实，从心理学角度上来说，把截止日期提前，能够增强一个人的紧迫感，这样他们就会下意识地抓紧工作，觉得“时间不多”，不能开小差、不能走神。思想决定着行动，在这种紧迫感的作用下，人往往就能发挥出潜能，提前完成任务。

刚开始做文案时，M总是拖延，使得老板很不满意。毕竟，文案出不来，就会影响设计的进度，设计的样稿出不来，就没有办法跟客户沟通，整个流程就会被耽误。尤其是文案写出来之后，还可能需要修改，前后又会耽误一两天。为了这件事，老板没少批评M，说这样的工作效率直接影响了公司的效益。

其实，M自己也知道，她有拖延的习惯。刚接到案子时，总觉得有三天的时间，绝对可以完成。第一天慢悠悠地在网上闲逛，名义上是寻找思路和灵感，有时一整天下来什么内容也没写出来；到了第二天，依旧停留在“找”和“想”的阶段，临近下班时，老板会问她有没有思路、进展到什么程度，此时，M就会感到心慌，想着晚上加班也要做出一个思路和框架来。到了截止日期，她只得匆忙地补充和润色框架，然后急匆匆地交给领导。由于大量的工作都是第三天才完成的，少不了会有错误和纰漏，M还得为此提心吊胆。

后来，她决心改掉这个毛病。当老板交代下任务，说三天内完成时，M就主动把完成日期提前一天。想到第二天就必须做出像样的东西，她就不敢再悠闲地看网页、刷微博了，而是会尽快确定一个方向和框架，做出大致的内容。到了第二天，再把具体的内容完善，做出一个基本成型的文案。第三天上午，她会再检查、修改、润色一番，在中午时交给老板。经过了精心的审核，文案的错别字、病句等问题少了很多，若老板提出建议，也能在下午就修改，等晚上下班前，整个案子就能漂亮地递交给设计部了。

仅仅把截止日期提前一天，M的工作就变得顺畅了很多，一来不再觉得那么烦躁了，二来内容质量好了很多，而且能加深老板对自己的信任。仅仅是一个小小的改变，就让M的工作状态发生了质的改变。

曾有一个实验，说教育专家让小学生读一篇课文，不规定时间，结果用了8分钟左右，全班同学才完成。后来，专家把时间规定在5分钟内，结果全班同学不到5分钟就全都读完了。这个实验反映了一个普遍的现象：对于不需要马上完成的事情，我们习惯于到最后期限即将到来时才去努力完成，这也被称为“最后通牒效应”。

既然我们都有能力或潜力在“最后通牒”来临前完成任务，那不妨就把这个截止日期做人为的调整。接到任务后，把最后期限往前挪一段时间，然后把任务分成几个阶段，计算好每一部分需要花费的时间，一点点按部就班地完成。这样的话，就能有效地避免因目标过大而产生恐惧、焦虑的心理，继而导致拖延，还能高质量地、轻松地完成任务。

金钱是可以赚取的，物资是可以生产的，唯独时间租不到、借不来，也买不着。我们要自觉地给自己树立一种危机感和紧迫感，不能悠闲慵懒地对待工作。时间掌握在自己的手上，要学会和自己比赛，始终走在时间前面，尽可能地超越自己、释放潜能。在开始一项任务前给自己规定一个完成期限，有了约束和压力，做事才会加快节奏，工作才能更有效率。

方法32 切忌走一步算一步，没有计划的行动会一团糟

［拖延者自白］

也许是性格大大咧咧的缘故，向来都喜欢走一步看一步，可后来我发现，生活可以随遇而安，工作却容不下这样的“乐观”。

歌德有一句忠告：“匆忙出门，慌忙上马，只能一事无成。”

精悍短小的话语里，隐藏着深奥的学问，他想说的就是计划的重要性。对于繁杂而毫无头绪的事，人往往会因为害怕而无从下手，并因此拖延。走一步算一步的无计划行动，最后会导致无秩序、无效率的结局。

那么，如何来制订计划呢？

有位管理学家曾用“四只虫子吃苹果”的故事，透彻地分析了做计划的方法。在这里，我们不妨共同来回顾一下，掌握一些必要的方法。

第一只虫子，辛苦地爬到苹果树下，它根本不知道这是一棵苹果树，更不知道树上红红的果实就是苹果。它看见其他虫子都往上爬，

自己也稀里糊涂地跟着往上爬，没有目的，不知道哪里是终点，更不知道自己到底想要什么样的苹果，以及如何去摘取苹果。结果有两种，或是找到大而甜的苹果，幸福地生活着；或是在树叶里迷了路，过着食不果腹的日子。在寻找苹果的虫子中，绝大多数都是这一种，没想过生命的意义，不知道自己为什么而努力。

第二只虫子也爬到了苹果树下。它知道这是苹果树，也确定了自己的目标就是要在这棵树上找到一个大苹果。可它不知道，苹果长在什么地方。它琢磨这苹果应该长在大枝叶上。于是，它就慢慢地往上爬，在遇到分枝的时候，就选择比较粗的树枝继续爬，按照这个标准，它努力了很久，最后终于找到了一个大苹果。它刚想扑上去吃一口，放眼一看，这苹果不是最大的，周围还有很多比它大的苹果；更让它生气的是，要是它上一次选择另外的一个树枝，就能得到一个超大的苹果。

第三只虫子来到苹果树下时，头脑很清醒，知道自己想要的就是大苹果。它制作了一副望远镜，在开始爬之前，先用望远镜搜寻了一番，瞄准了一个大苹果。同时，它发现从下往上找路时，会遇到很多分枝，有各种不同的爬法。如果从上往下找路时，只有一种爬法。它细心地从苹果所在的位置，由上往下反推到目前所处的位置，记下了这条确定的路径。然后，它就开始往上爬，遇到分枝时毫不慌张，因为心里很清楚该走哪条路，也不必跟着其他虫子去挤。例如，它瞄准的苹果是“教授”，那就沿着“深造”的路去走；如果目标是“老板”，就沿着“创业”的路去走。按理说，这只虫子应该会有一个不错的结局，因为它有计划。可事实没那么乐观，这条虫子爬得太慢了，当它抵达目的地的时候，那个苹果不是被别的虫子抢先占领了，就是已经熟透而烂掉了。

第四只虫子和前面三只不一样，它做事有规划，清楚地知道自己想要什么，也知道苹果是怎样长大的。它用望远镜观察苹果，把目标锁定在一朵含苞待放的苹果花上。它计算着自己的行程，估计到达的时候，这朵花的位置正好长出一个成熟的大苹果。按照这一计划，它行动了，果不其然，在那个苹果成熟的时候，它成了第一个拥有者。

从这四只虫子的做法上，管理学家总结出了几条结论：

第一只虫子，没有目标、没有计划，懒惰糊涂，不知道自己想要什么，一辈子庸庸碌碌地活着。生活中的很多人都处于这样的状态中。

第二只虫子，有自己的想法，知道想要什么，但不知道如何实现目标。它只是遵循着习惯去做事，看似走的是正确的路，实则却一点点地偏离了目标，而自己浑然不觉，忙碌了半天，竹篮打水一场空。其实呢，它曾经与正确的选择离得很近，只是它未曾发觉。

第三只虫子，有清晰的人生计划，也能作出正确的选择。可惜，它的目标太远大了，而它的行动却过于缓慢，机会不等人，时间也是有限的。单凭个人的力量，也许一生辛劳，也未必能找到那个苹果。若是制订了合适的计划，再充分利用外界的力量，能找到一个“望远镜”，它很可能就成功了。

第四只虫子，不仅知道自己要什么，还知道如何得到苹果，以及得到苹果需要的各种条件。为了这个目标，它制订了清晰的计划，在望远镜的帮助下，一步步地实现了自己的理想，时间也安排得刚刚好。

细想起来，我们的生活和事业之旅，也和虫子吃苹果的经历差不多，我们要像第四只虫子那样，作好详细的计划，绝不能盲目冲动地行事。科学可执行的计划，犹如火车的轨道，有了轨道，火车才能安全、快速地前进。

方法33

把每天要做的事情列一个任务清单

【拖延者自白】

工作七八年，很少有正点下班的时候，每天都要加班加点，有时周末也会被牺牲掉。如果今后的几十年都要这样过，要我拿什么去热爱工作？

如果人是一条船的话，那么在人生的海洋中，约有95%的船都是无舵船。它们漫无目的地漂着，对起伏变化的风浪、海潮束手无策，只得任其摆布，随波逐流。结果，要么触岩，要么撞礁，要么以沉没终结。

剩余那5%的人，他们有方向、有目标，研究了最佳航线，掌握了航海技术，从此岸到彼岸，从此港到彼港，按部就班、有条不紊地航行着。相比那些无舵船一辈子航行的距离，他们只需两三年就能达到。如同现实中的船长一样，他们知道航船的日的，知道将要通行或停泊的下一处港口；就算是一次探险航行，也有把握去应对突发的状况。

美国时间管理之父阿兰·拉金说过："一个人做事缺乏计划，就等于计划着失败。有些人每天早上预定好一天的工作，然后照此实行，他们是有效地利用时间的人。而那些平时毫无计划，靠遇事现打主意过日子的人，只有'混乱'二字。"

想要提升做事的效率，甩掉拖延的毛病，就得养成善于计划的习惯。培根曾说："选择时间就等于节省时间，而不合乎时宜的举动则等于乱打空气。"没有切实可行的工作计划，必然会浪费时间，如此就更不可能拥有高效率。

维克托·米尔克是世界知名企业现代食品公司纽约城推销中心的技术总监，他的工作直接或间接的受到5000名雇员中3000多人的影响。为此，他总是忙得一塌糊涂。有一回，在纽约举行的工作研讨会上，他谈到了对时间管理的看法。

"现在我不再加班工作了。我每周工作50~55小时的日子已经一去不复返，我再也不用把工作带回家做了。我在较少的时间里做完了更多的工作。按保守的说法，我每天完成与过去同样的任务还能节余1小时。我使用的最重要的方法就是，制定每天的工作规划。现在我根据各种事情的重要性安排工作顺序。首先完成第一号事项，然后再去进行第二号事项。过去则不是这样，我那时往往将重要事项延至有空的时候去做，我没有认识到次要的事竟占用了我的全部时间。现在我把次要事项都放在最后处理，即使这些事情完不成我也不用担忧。我对此感到非常满意，同时，我能够按时下班而不会心中感到不安。"

这就是制订合理的工作计划带来的益处：可以高效地完成重要的事宜，少走很多弯路。

那么，该如何来给自己的工作制订计划呢？

◎每天清晨列出一天的任务清单

每天早上或前一天晚上，把一天要做的事情列出清单，其中包括公事和私事。在一天工作过程中，要经常进行查阅，如开会前10分钟看一眼自己的工作清单，若还有一封电子邮件要发，完全可以利用这段空隙完成。做完清单上面所有的事情时，最好再检查一遍，通过检查确认都已经做好，你会体会到一种成就感。

◎把即将要做的事情也列入清单

完成计划的事情后，把接下来要做的事情也记录在每日的清单上，如果清单上的内容已经满了，或是某项工作可以改天再做，也可以将其算作明天或后天的任务。有些人总是打算做一些事，最后却没有完成，往往是因为没有把这些事情记下来。

◎一天结束后，对当天未完成的事情进行重新安排

有了每日的工作计划，那么在一天结束后对于当天没有完成的那些事情，要怎么处理呢？如果事情真的很重要，那么将其顺延到第二天；若是没那么重要，可以与相关人员讲清楚未完成的原因。当然了，最好是今日事今日毕，偶尔顺延一次无妨，但切忌养成拖拉的习惯。

◎记录当月和下月需要优先做的事

要管理好自己的时间，高效地做事，月工作计划也是不可少的。在每个月开始的时候，制订一个详细的计划，并将上个月没有完成而本月必须完成的事情加入到清单中。

◎保持干净整洁的桌面

一个桌面乱糟糟的人，不会是一个好的时间管理者，因为他经常会在找东西的问题上浪费大量的时间和精力。所以，保持桌面干净、用品整齐，这样的好习惯能最大限度地帮你节省精力，让你在第一时间找到自己所需要的东西。同时，把与一项任务有关的东西都放在一起，这样查找起来更为方便；彻底完成了这项任务后，再把这些东西全部转移到其他地方，以减少不必要的干扰。

方法34

同样的一件事情，可以换一种方式去做

【拖延者自白】

提起工作就满腹委屈，每天忙忙碌碌、火急火燎，却总是干不完活，被老板指责做事拖拉，能力不足。不敢总是抱怨，怕被视为矫情，可每天要处理的杂事太多了，不是我不想做完、做好，而是心有余力不足！

某公司的员工A在办公室负责内勤，虽然已经做了一年多，可总是觉得“不顺手”，时常出岔子。上周四，她的工作计划上罗列着一天要做的任务清单：

1. 做出下个季度的部门工作计划，第二天上交给老板。

2. 约见一位重要的客户。

3. 11：30到机场接机，是5年未见的大学同学，将其送到酒店。

4. 去一趟医院，开过敏症的药物。

5. 到银行办理一些业务。

6. 下班后与爱人一起吃饭，庆祝纪念日。

要做的事情就这些，但似乎从一开始就不太顺利。由于前一天睡得有些晚，A早晨起床迟了半小时，匆匆忙忙地打车到单位，可还是迟到了5分钟。一进办公室的门，就接到老板的电话，提醒她第二天必须交计划书。

A打开电脑，上网查看自己的电子信箱，逐一回复客户和公司的邮件，不停地打电话答复分公司的询问。最后一个电话结束时，已经11点了。她向上司请了一会儿假，匆忙赶到机场，还好只过了10分钟，想打电话告诉同学的时候，才发现对方早上登机前已发过来短信，说飞机晚点了。

12点见到同学，A送对方到酒店，一起吃了午饭。这顿饭吃得并不踏实，A心里想着14：50要见客户，所以一边吃饭一边跟客户约定地点。14：00的时候，她跟同学告别，急忙赶到约定地点。由于花粉过敏，她在跟客户约见的时候不停地打喷嚏，不得不连声道歉，场面弄得很尴尬。

回到公司，刚坐到工位上，想写一下计划书，银行打电话来催她去办业务。赶到银行时，突然被告知需要加一份文件，气急败坏的她跟银行工作人员理论了半天，又回到公司去拿那份文件。等办完了银行的业务后，离下班只剩1小时了。

她觉得很累，没有心思再写那份计划书，就先给同学打了一个电话，聊聊天释放情绪。整理完文件，她跟爱人去约会，一起吃晚饭庆祝纪念日，可是整个人的状态很不好，连连打哈欠。回到家后，等爱人休息了，她泡了一杯浓浓的咖啡，坐在电脑前，赶着那份重要的计划书。

A的工作一直都处于这样的状态中，忙忙碌碌，火急火燎，却总是干不完活，被老板指责做事拖拉，能力不足。她经常会跟家人和朋友抱怨，说工作太辛苦，做内勤要处理很多杂事。

其实，我们作为旁观者，很容易看出来，不是A的工作任务太麻烦，而是她做事太缺乏条理，不懂得方法。田忌赛马的故事，想必大家都还有印象。

比赛前孙膑建议田忌，用上等马鞍将下等马装饰起来，冒充上等马，与齐王的上等马比赛。比赛开始，只见齐王的好马飞快地冲在前面，而田忌的马远远落在后面，齐王得意地开怀大笑。

第二场比赛，还是按照孙膑的安排，田忌用自己的上等马与齐王的中等马比赛，在一片喝彩中，只见田忌的马竟然冲到齐王的马前面，赢了第二场。

关键的第三场，田忌的中等马和齐王的下等马比赛，田忌的马又一次冲到齐王的马前面，结果2：1，田忌赢了齐王。

从未输过比赛的齐王目瞪口呆，他不知道田忌从哪里得到了这么好的赛马。这时，田忌才告诉齐王，他的胜利并不是因为找到了更好的马，而是用了计策。随后，他将孙膑的计策讲了出来，齐王恍然大悟，立刻把孙膑召入王宫。

田忌胜出的关键不在于马匹，而在于排序方法。如果把这种方法用到工作中，就可以最大限度地避免混乱的忙碌。

我告诉你一个办法！
好！
VS
VS
VS
2 : 1

以员工A为例，在面对任务清单的时候，她其实可以换一种工作方法。

1. 前一天晚上在睡前把第二天要做的任务看一遍，做到心中有数，定好闹铃。

2. 准时起床上班，先给各分公司打电话，请他们把相关的材料通过电子邮件发过来，并且告知上午有事不能接受询问，下午会给予答复，而后给客户打电话约定时间、地点，且将地点安排在同学预定的酒店或附近的咖啡厅里，再给机场打电话，确定班机到达时间。

3. 给银行打电话，确认办理业务需要的相关手续和材料。

4. 打完电话后，抓紧写计划书，排除一切工作干扰，争取11：00前交给老板。

5. 中午11：00离开公司，拿上银行需要的所有资料。利用飞机晚点的半小时，到医院开花粉过敏症的药。从医院出来，到机场接机，和同学好好享受午餐时光，而后到旁边的咖啡厅和客户谈事情。

6. 到银行办完手续后，回公司将上午各分公司的事务处理完毕。17：50到洗手间补一下妆，准备下班约会吃晚餐。

同样的工作任务，换一种方式来做，就能把焦头烂额、拖拖拉拉的做事情变成从容应对，还能给自己留出不少的休闲时间。所以说，做事要依据任务的规律、性质和事务之间的联系进行科学排序，切忌胡子眉毛一把抓，用最快、最好的办法来安排进程，才能保证工作与生活兼顾。

方法35　决定开始做事的那一刻，排除一切杂念与干扰

［拖延者自白］

每天朝九晚五地忙碌着，眼见一整天不曾离开工位，可临近下班时才发现，重要的事情基本上没有任何进展。又焦虑又懊悔，时间全都用在那些无关紧要，甚至是没有用的聊QQ、逛淘宝、玩微信上了！

有一位互联网公司的运维工程师，说话很是幽默，什么事情从他嘴里说出来，都让人觉得颇有一番趣味。前些天，提起自己的本行“互联网”，他说：“网这个东西，让很多人创了业，也让很多人失了业；让很多人赚了钱，也让很多人败了家。”

听到他的总结，周围的人纷纷对他的精辟总结竖起大拇指，虽然只是简单的几句话，可涵盖的信息量一点也不少。互联网成就了阿里巴巴，让马云成了首富，这是有目共睹的事实，没错吧？可互联网也让很多人成了游戏狂、淘宝控，患上严重的拖延症。如果只在业余时间消遣一下倒也没什么，可怕的是它不知不觉偷走了时间和人生。

微博上曾流传这样一个段子：“如果你看到某作者、编辑或编剧

一大早就开始在微博上乱转悠，自己刷屏，还逮啥转啥，哪有事儿哪儿到，嘴欠得要命，那就说明此人交稿子、交专栏、交本子、交版面的死限又要到了。”

其实，这何止是某作者、编辑和编剧的工作状态呢？不夸张地说，这样的场景描述戳中的是数以万计拖延症患者的心。上班时间走神开小差，一个看似不起眼甚至容易被忽略的习惯，实则是平庸与优秀之间的分水岭。不重视工作时间与效率，不能专注地做事，养成闲散怠慢的陋习，会错失很多被重用的机会。那些在人群中脱颖而出的人，都是有着超强自控力的人，他们在做事时不会允许凌乱的小岔子搅扰自己的注意力，更不会拖延开始工作的时间，通常都会提前几分钟进入状态。

一位女员工曾在某知名企业做办公室文员，做事很勤奋，每天都是提前到公司。就这样她在办公室工作了一年，就被老板提升为经理助理，协助经理做一些日常工作。在新的岗位上，她依然很勤奋，每天都是第一个到公司，把任务清单上的工作内容看一遍，明晰当天的工作内容，提前把需要的文件打印好。当别人踩着上班点走进公司时，她已经把一切准备就绪，专注地开始一整天的工作。

难能可贵的是，她的电脑桌面上除了一个工作要用的MSN，没有私人QQ、论坛、购物网站的界面，就连私人电话都很少接听。她说："我不喜欢在工作时被其他事情干扰，这会打断我的思路，影响工作的状态。"为此经理对她的评价很高，说："她是我聘用过的所有助理中，办事效率最高的。" 现在的她，已是该企业一家分公司的中层了。

有专注才能有效率，有效率才能出业绩。当你决定从开始做事的那一刻起，就要把有限的时间、精力和资源都聚焦到要做的事情上，聚精会神、心无旁骛，排除一切杂念和杂事的干扰，朝着愿景中的目标努力。若能做到这一点，拖延自然也就无处遁形了。

方法36 有了明晰的目标，就有了抗击拖延的动力

【拖延者自白】

都说有目标就会有动力，我一直都有目标，比如买车、旅行。直到有一天，别人问我："你准备花几年的时间实现买车的目标？准备买多少钱的车？每年攒多少钱？"我才恍然大悟，原来我所谓的目标，根本不是目标。

哈佛大学做过一项跟踪调查，被调查的人是一群智力、学历、生活环境都差不多的青少年。从600份调查中发现，27%的人没有目标，60%的人目标模糊，10%的人有清晰的短期的目标，3%的人有清晰的长远目标。长达20年的跟踪研究结果显示：

3%有清晰的长远目标的人，20年来始终朝着这个方向不懈地努力，他们几乎都成了社会各界的顶尖成功人士。

10%有清晰短期目标的人，大都处于社会的中上层，他们有一个共性，那就是不断实现地短期目标，稳步上升，成为各个行业里不可或缺的专业人士，比如律师、医生、工程师，等等。

你问我你为什么不成功！原因很简单，你目标模糊不清！
模糊不清？
几分钟之前我问你你的目标是什么？你回答是有一天拥有一栋山上的小屋，这就是一个模糊不清的目标！
因为“有一天”不够明确！这种不明确就降低了成功的概率。

60%的目标模糊者，基本上都处于社会的中下层，安安稳稳地工作，没什么特别的成就。

剩下的27%没有目标的人，几乎都处于社会的最底层，生活过得很不如意，经常失业，靠救济金生活，还总在怨天尤人。

拖延的人，基本上都在那27%里，没有任何目标。

世界名著《小妇人》的作者、美国儿童文学女作家路易莎·梅·奥心科特说过："在那远处的阳光中有我的至高期望。我也许不能达到它们，但是我可以仰望并见到它们的美丽，相信它们，并设法追随它们的引领。"

某财经记者问美国财务顾问协会的总裁刘易斯·沃克："是什么因素导致人们无法成功？"

沃克回答说："模糊不清的目标！我在几分钟前问过你，你的目标是什么？你说，希望有一天能拥有一栋山上的小屋，这就是一个模糊不清的目标。因为'有一天'不够明确，这种不明确就降低了成功的概率。"

记者又问："怎样才算是明确的目标呢？"

沃克解释道："如果你真的希望在山上买一间小屋，你要先找到那座山，我告诉你那个小屋的价值，然后考虑通货膨胀，算出5年后这栋房子值多少钱；然后，你必须决定，为了实现这一目标你每个月要存多少钱。如果你真的这么做，可能在不久的将来你就能拥有一栋山上的小屋。如果你只是说说，梦想就可能不会实现。梦想是愉快的，但若没有配合实际行动的计划，那就会变成妄想。”

明确的目标是前进的动力，更是指引前进方向的旗帜。然而，拖延的人就像那位财经记者，目标总是模糊的、泛泛的、不具体的，行动起来有很大的盲目性，往往浪费了不少时间，却迟迟未见效果。

对拖延的人来说，该如何来设定目标呢？

◎目标要有长期性，别奢望一蹴而就

任何成功都要经历一个漫长的过程，中途会遭遇各种各样的阻碍和困难。因此，设定的目标应当是长期性的，并清楚地认识到自己不可能一次性就把所有问题都解决掉，而是要在坚持中养成一种习惯，逐步向目标靠近。

◎目标要有特定性，别泛泛而谈

设定目标的重点在于，把你的期望集中在一个特定的目的上，比如“我要在市中心买一套70平方米的房子”“我要做一名同声翻译”，而不是“我要买一栋小房子”“我要一份高收入的工作”。

◎目标要具体化，越详细越好

这是对特定性的一种延伸，让目标变得更为具体化，方便按部就班地实施。比如，你的目标是要成为一名同声翻译，那你就得根据自己目前的英语水平为自己制订一份学习计划，这个过程预计需要几年时间？每年达到什么样的水平？这一阶段的目标是什么？具体到每天应该背多少单词，练多久的听力？有了清楚的努力方向和非常具体的小目标，实现起来才更容易。

◎目标要远大，激发创造性

有什么样的目标，就有什么样的人生。高远的目标能够激发大脑的创造性，给人以使命感和责任感，且让人对成功产生更为深刻的理解。当你的目标足够远大时，无论你遇到什么样的困难，都更容易保持积极向上的精神，发挥出内在的潜能。

◎目标要切实可行，适合自己

设定目标时一定要考虑自身的天赋和才能，问问自己：我最喜欢什么？最擅长什么？有什么不同于其他人的精力？有什么特别的经验？我的需求是什么？我最大的人生理想是什么？我做过最有价值的事是什么？

想清楚这些问题，就能找到自己的目标了。当然，这个目标不是固定不变的，可能一年或是几年后，你的想法又改变了。如果它一直未变，且一直让你充满力量，那么你已经找到了人生的真正目标，今后要做的就是对其进行修正和完善。

方法37 把大目标拆分成小目标，你会更容易坚持

［拖延者自白］

减肥的计划反复实施，每次却都半途而废，因为掉秤太慢了，想到距离最终的目标还那么遥远，顿时就变成了泄气的皮球，一点儿动力都没了。

类似的体验很多人都有过，假设我们制订了一个目标：半年的时间，减重15千克！

很显然，这是一个大目标。许多减肥者都曾暗下决心：这一次必须成功，并制订了严格的饮食和运动计划。结果呢？有人按部就班地实现了目标，有人三天打鱼、两天晒网，以失败告终。他们的区别在哪儿呢？完全是意志力的问题吗？

半途而废的人，心心念念的全是减掉15千克的体重，每天早起上秤，都盼着数字往下掉，恨不得1个月之内就达成心愿。可那体重总是起伏不定，甚至在最初的阶段，明明控制了饮食、加强了运动，体重居然还有上涨的趋势。如此一来，坚持的动力很快就消退了，渐渐

地又恢复到从前的状态，减肥大计就此又被束之高阁。

减肥成功的人，定的大目标依然是15千克，但他们将其拆分成6个月，每个月只要求自己减掉2.5千克。接着，他们又把这2.5千克拆分到4个星期，每周只要减掉0.625千克就行了。0.625千克和15千克相比，给人的心理压力会小很多，也让人感觉容易坚持，不会因为急于求成而受挫。

很多时候，我们觉得目标太遥远，是因为把它看得太大了。如果把它分解成一个个小目标，做起来一点也不难。等小目标都做完了，大目标也就实现了。就如歌德所言：“向着某一天终要达到的那个目标迈步还不够，还要把每一个步骤看成目标，使它作为步骤而起作用。”

关于分解目标，这里给大家提供两种方法：

◎多叉树法

多叉树法，可以从字面意思理解，就是一棵大树有若干个分枝，每个分枝上还有更小的树枝，树枝上还会有再小的树枝，一直到叶子。我们的人生目标就如同树干，每一级小的目标就相当于每个树枝，我们现在需要去做的细微之事，就像是树上的叶子。

大目标和小目标之间的关系

应当是逐层递进的，每个小目标都是实现大目标的条件，而大目标则是小目标完成的结果。当所有的小目标都实现了，大目标也就实现了。

你可以设定一个大目标，然后思考：要如何实现这个目标？列出充分和必要条件，这些就是你要先去达到的小目标。接下来，再思考：达到这些小目标的条件是什么？再列出达到每一个小目标所需要的条件。以此类推，直到画出所有的树叶，就算完成了这个目标的多叉树分解。

从叶子到树枝，再到树干，不断地问自己：如果这些小目标都能实现，大目标一定会实现吗？当你能够非常肯定地回答“是”的时候，就证明这个分解已经完成。如果回答是“不一定”，就意味着你所列出的条件还不够充分，需要继续补充。一棵完整的目标多叉树，就是一套完整的可以达到该目标的行动计划。所以，目标多叉树，也被人称为“计划多叉树”。

◎剥洋葱法

这种方法实际上就等于把目标视为一个完整的洋葱，一层一层地剥下去，把大目标分解成若干个小目标，再把这些小目标分解成更小的目标，直到具体到此时此刻做什么。上面提到的把15千克最终拆分成每周0.625千克，运用的就是这一方法。

我们都知道，实现目标的过程是循序渐进的，从低级到高级，从现在到将来，从小到大。但我们设定目标时，恰好与之相反，要从将

来到现在，从大目标到小目标。我们最终要达到一个什么样的程度呢？就是将每一个短期目标分解成月目标、周目标、日目标，甚至分解到此时此刻该做什么。

每天不拖延、按时地达到目标并不难，而且这种微小的喜悦感会给我们带来动力，让自己看到进步。这样一来，改掉拖延习惯的成功率也会越来越高。

方法38 把注意力放在自己身上，少去帮忙照看别人的“猴子”

［拖延者自白］

在有限的时间内，为什么总有人能做好该做的事，还有空闲去提升自我；而我却一直拖拖拉拉，效率低下，紧赶慢赶都完不成预先的计划呢？

加拿大学者皮特·斯蒂，在拖延症研究领域颇有建树，他在《拖延方程式：今日烦来明日忧》一书中，用一个方程式形象地阐述了拖延的主因，顺带解答了上述的问题：

U（工作效率）=E（成功的期望值）V（工作收益）/I（分心度）D（拖延程度）

显而易见，分心度的大小直接影响着工作效率的高低，两者是反比关系。分心度越大，工作效率越低。习惯拖延的人，通常都是在分心的问题上栽了跟头。他们总是找借口，“我要做的事太多了”“有些要求我没办法拒绝”“朋友约我好几次了，我能不去吗”……可事实上，当你追问他们真正在忙的时间有多少时，他们却支支吾吾说不上来。

一个人的精力是有限的，一天24小时，一年365天，谁也无法让时间延长，我们更没有分身之术，顾此失彼是不可避免的。但顾什么、失什么，取决于我们的选择。

化妆师R的技术很好，但总是因为做事拖拉而被老板指责，为此，她自己也很苦恼。直到有一次，老板提醒她：做事别总是分心！她才意识到，自己在工作前总喜欢跟人聊天，化妆的时候也总是出岔子，有时还因为抹不开面子去帮同事而怠慢了自己的客户。为了跟客户打好关系，她还花了不少时间给客户讲解化妆技巧。

找到了拖延的原因，R立刻改变了自己的工作风格。她不再好为人师，也学会了说“不”，效率果然就提升了。相比我们内心的“毒瘤”，拖延其实并不可怕。如果我们的心足够安定、足够专注，拖延也就没有了生存的空间。

管理学上有一个理论叫“背上的猴子”，说的是如果把大事小事都揽在自己身上，就像是给自己背上了一只只猴子，那样的话，你还能活动自如吗？这就在提醒我们，做事时要把注意力收回到自己身上，而不是去帮别人照顾他们的“猴子”。

如何才能把注意力放到自己的身上，减少分心的情况呢？

◎控制自己随时想“出轨”的欲望

克制自己的情绪，收服自己的不安。做一件事情就要全力以赴，不要左右摇摆、左顾右盼，也不要被什么事情中途打断，更不要主动去中断正在进行的事。在大脑处于高度集中的状态时，突然间一下子分散，想要再重新收集起原来的信息是很困难的。而被打断后，恢复平静又需要一段时间，这样白白浪费时间，根本就没有办法做好任何事情。

◎避免被外界的事物干扰

训练自己的心理素质，锻炼自己的控制能力，是十分必要的。无论外面发生了什么，只要你不回头，就没有什么能够干扰到你。拖延的人总是喜欢给自己的拖拉找理由，如果你是专注的，那么还有什么可以影响到你呢？

◎养成良好的生活习惯

健康是生活的本钱，没有了健康，就没有了一切，身体垮了，精神自然也就垮了。再集中的精神状态，也不能够克服自身的生理因素。

◎让别人来监督你

别人是你的镜子，当你需要帮助的时候，适当地请求别人的帮助也是很有必要的。一个人的力量是微弱的，当你得到了帮助，也许会让你明白一些道理，或者，给自己一些动力，这样你的计划会更容易实施。

当你想要达到一个目标时，请先把注意力收回到自己身上。因为，在实现目标的过程中，你会发现自己需要克服的困难很多。倘若你能够专注所做之事，达到“忘我”的境界，那么拖延的问题从此再与你无关。

方法39

学会自造绝境，不给自己留任何退路

［拖延者自白］

每次都要把自己逼到“走投无路”的时候，才会快马加鞭地处理问题。我知道，那只是为了完成而完成，根本容不得思考，更谈不上提升。我也不喜欢这样的做事方式，却又总是控制不住自己。

拖延的人总是沉浸于一种劣质的快感中：赶在最后期限来临之前，调动所有的精力，完成要做的事情。虽然完成的质量上不敢恭维，但拖延者能切实地感受到一种“愉悦”：原来，我也是很能干的！我是可以实现高效工作的！

每个人都具备两种能力，一种是本能，一种是潜能。本能不需要开发，自然而存在；潜能则不同，它“沉睡”在机体深处，需要借助某种机制才能显现，而这种机制就是人的意志，即支配、控制和驱动本能和潜能的动力。

拖延的前期，通常是因为意志力不够，顺从了本能的选择。比如，人都有喜欢安逸和享受的本能，当自身的意志力不够强大时，就会养成慵懒拖延的习惯。可是，到了紧要关头，不得不硬着头皮去做的时候，往往也能集中精力，半天搞定一天的工作量。

然而，我们不能永远等到“走投无路”的时候，再去想着如何快速地处理问题。那样的话，不过是为了完成任务而完成任务，得不到真正的提升。一个优秀的人，通常都是在平日里磨炼自身的意志力，在关键时刻让潜能得到最大限度的发挥。

第一个在奥林匹克体操比赛中荣获满分的运动员耐迪·考麦奈西对自己的要求向来都很严苛。他说：“我常常低估自己的水平，因为我常说‘我能做得更好一些’，要想当奥林匹克冠军，你就得有不同凡响的地方，而且你还得比别人更吃得起苦。我不喜欢普普通通、平平庸庸的生活。我给自己确立的生活准则是：不要企盼简单容易的生活，而要力求做一个坚强有力的人。”

几乎所有的成功者都是这样，绝不愿停留在安逸中，让自己变成温水中的青蛙，让潜能埋没在现状中。同为奥运冠军的彼特·维德玛说：“就在一个人觉得不满意、不舒服和不方便的时候，他才会得到最好的磨炼。每一天，我都将自己要在体育馆里要完成的项目列出清单来。如果我的训练能持续3小时，那真是太棒了！如果我的训练能持续6小时，那就要感谢上帝了。如果不能把这些项目完成，我绝不离开。我每天的生活目标就是这样：在每天离开体育馆的时候，我都可以说，我已经尽力而为了。”

蜕变的过程，永远都是痛苦的。与其被迫着去改变，不如换一种姿态，主动提升适应力。很多时候，我们不能对自己“太好”，纵容自己停留在原地，固守着现有的一切。想成为一个强大的、有自控力的人，就要学会自造绝境，不给自己留任何退路。只有站在悬崖边无处可走的时候，才会想方设法背水一战。

自造绝境是激发个人潜在意志力的最佳途径，就算你平时并不是一个意志坚强的人，在没有任何退路的情况下，你也可以成为最英勇的斗士，去迎接所有的挑战。这里所说的“绝境”，既可以是真真切切存在的状况，也可以是头脑中设想出来的情景。

除了用自造绝境的方式激发潜在的意志力外，美国心理学家还总结出了一些能够有效提升意志力的方法，可以在平日里随时拿来试用。

◎多思考未来，别只看眼前

哥伦比亚大学的一项研究发现：在点燃香烟以前，与只考虑眼前获得吸烟快感的人相比，那些想到长期吸烟有害健康的人来说，往往会更有意志力去抵挡香烟的诱惑。所以，当惰性、逃避、拖延等本能反应出现时，多想想这样做对未来的影响，通常就能调动意志力，去克服这些弱点。

◎转移注意力

心理学家麦格尼格尔建议人们，当负面的想法和不良习惯袭来时，轻握拳头可以将注意力转移到握拳的动作和感觉上，以此唤醒自身的意志力，去克服和控制思想言行。

◎制定可行的小目标

过高的或完成期限太长的目标，往往不容易坚持。相反，若是把目标缩小，制订一个短期的、可行的标准，更有助于提高意志力。

◎制订21天计划

21天可以养成一种新的习惯，让大脑将新的生活方式、思维方式视为平常。所以，当你想要做一件事时，不妨给自己制订一个21天计划，并严格遵守。熬过这一过渡期，你会发现自己的意志力得到了提升，而拖延的问题也得到了改善。

方法40 少用负面的字眼，用积极肯定来给予自己力量

［拖延者自白］

拖延带来的一系列麻烦，不是不知道，也不是没体验过。每次都下定决心不再拖延，强烈要求自己必须完成多少任务，可越是强迫，越觉得疲倦，到最后甚至无心做事，再次落入拖延的怪圈。

明明知道拖延不是一件好事，为什么还要那样做呢？因为，我们的潜意识很聪明，它知道这项任务很艰难，需要付出长期的努力，一旦开始做了，就再也无法享受生活了。如果不能按时完成，还要遭受严厉的惩罚。

拖延着不做，就可以回避惩罚。更何况，人的本性是懒惰的，完成任务之后的那份喜悦，远远抵不过这一刻的悠闲来得真实和及时。对于未来，我们总会有一种不真切感，为了不知能否实现的未来去放弃此时的欢乐，是一件很难的事。

有没有什么办法，能彻底改变这种状况呢？当然有。要知道，潜意识是不接受否定字眼的，只要不断地进行正向信念的激励，就能够

从内在改变自我。你可以试着对比下面的几组说法，体会两者带来的不同感受：

第一组

1.你今天必须打100个电话，否则不能下班！必须完成！

2.你今天要打100个电话，说不定可以给自己带来几个订单，这样的话，你就有更多的收入，可以给自己换一部心仪的手机。

第二组

1.你今天必须写完报告，否则就不能上网玩游戏、聊天，做任何和网络有关的事。

2.你今天要完成报告，之后就可以在你喜欢的任何时间去上网、做你喜欢的事。

第三组

1.你必须严格控制饮食，不能吃高热量的东西，杜绝所有的零食。

2.你要用健康的方式来减肥，吃健康的食物，感受运动带来的快乐。

同样一件事，不同的表达，不同的激励，给人的感受截然不同。

用惩罚式的反向激励，会让人充满紧迫感和恐惧感，压力剧增，人也更容易感到疲劳和厌倦。这个时候，我们的潜意识就会用拖延来缓冲疲劳和焦虑。此时，如果要戒掉拖延，无异于拔掉了最后一根稻草，会让人感到无比绝望，也就很难真正地实现目标。

不要想粉色的大象！
千万不要想粉色的大象！

用正向信念进行自我激励，结果却不一样。因为，我们把每一份结果都添加到了激励中，它会不断地提醒我们，我们已经做了很多有意义的事，也越来越有信心去完成剩余的工作。更重要的是，知道在完成工作后，能给自己带来更大的享受机会，一切都变得很积极、很明朗，人也充满了活力，自然就不会再慵懒拖延。

每当自己完成了任务的一小部分，就肯定自己的成果，对自己说："我已经完成了三分之一，我的效率还是挺高的，我可以稍事休息一下，以便恢复精力和体力，继续后面的工作。等全部工作都做完后，我就能轻松一下了，还能给自己放几天假……"在这样的正向激励下，主动性会变得越来越强，而不是被最后期限催着去完成任务。

当你越强调不能拖延、必须完成时，满脑子都是拖延的想法，这就是负面和"不"的影响力。就好比，有人对你说，不要去想一只"粉色的大象"，你的脑子里出现的画面一定是"粉色的大象"。为此，我们换一种方式，从积极、正向的角度去激励，用肯定的字眼来给予自己力量，看到自己进步的一面，你会发现自己的每一次努力都能获得成效。

方法41 忠于自己真实的感受，不要用外因把拖延合理化

【拖延者自白】

明明是害怕去做那件事，不相信自己能够做好，却安抚自己说“等调整好状态再做”“先放一放”，然后就开启了“停不下”的调整期。结果你知道，我成了拖延者。

拖延的人总是希望等到所有条件都成熟后再开始行动，然而等待的过程就已经给了拖延成立的理由。在要不要去做的问题上，他们给自己找到了合理的借口，比如“天气太热，不想工作”，这就为拖延找了一个可利用的外界因素。事实上，我们都知道，这不过是在敷衍自己、安慰自己罢了。

美国社会心理学家费斯廷格提出过一个“过度合理化效应”，并用实验证明了这一效应的存在：有三组被试者，分别为高奖赏组（按要求做可获得20美元的报酬）、低奖赏组（按照求做可获得1美元的报酬）和控制组（没有任何报酬）。

三组被试者被要求进行1小时枯燥无聊的绕线工作。在他们离开

时，实验者要求高、低两组被试者告诉外面等待参加实验的被试者，说工作很有意思；而要求控制组告诉外面的被试者实际情况。同时，被试者们还要填写一张问卷，以便让实验者了解他们对绕线工作的真实态度。

实验结果显示：控制组对绕线工作表现出非常消极的态度；低奖赏组的被试者提高了对绕线工作的评价，变得喜欢这份工作；高奖赏组对绕线工作的评价则比较低。

实验本身的内容是很枯燥的，但报酬的不同让被试者们产生了不一样的评价。这是因为，高奖赏组的被试者用“20美元的报酬”作为理由解释了自己的说谎行为，从而让行为看起来合理化了。低奖赏组的被试者得到的1美元报酬，不足以成为解释自己撒谎作为的正当理由，为了保持自己前后行为的一致性，他们选择了相信这项任务很有趣。

这就是过度合理化效应。每个人都试图为行为的合理化找原因，一旦认为找到了，就不会再找下去。通常，人们总是先找那些显而易见的外在因素，如果这一外因能够解释行为，他们就不会再去寻找内因了。

让我们看看拖延的行为，多数人都是用外因将其合理化，以减少内外的不协调感。比如，我要给自己放个假，休息之后我会做得更好；生活没什么希望，怎么做都是枉然……毫无疑问，这都在提醒我们，千万不要把自己的拖延合理化，那样的话，你会不断地拖下去，很难改变。

也许你会问，怎样才能避免掉进“过度合理化”的效应中呢？

◎发自内心去做一件事

当外界的因素不足以支撑我们的行动时，内部因素就显得格外重要了，比如真心喜欢一件事、自己有能力做到一件事。一旦成功了，就会改变过去的负面想法。

◎忠实于自己的真实感受

在费斯廷格的实验中，我们看到了一个事实：除了控制组，高奖赏组和低奖赏组的人都没有忠实于自己的真实感受。在做一件事时，你的真实感受是什么？你是否直接面对了？对于这种感受的处理，直接影响着你的行为。

举个例子，你对薪资待遇不满，你选择了忠实于内心的不平衡感和沮丧感，并随即找到老板谈判或辞职，没有让拖延得逞。而后，或是老板答应了你的要求，或是你找寻满意的工作，总之放弃了过度合理化的解释。

方法42　成功克服一次拖延，及时给自己一点奖励

［拖延者自白］

每次任务才进行到一半，我就按捺不住想要看比赛、玩游戏、追剧的心了。这个时候最煎熬：看吧，总觉得太不自律了；不看吧，又无法静下心来做事。哎！

如果你能用行动证明自己可以克服拖延，那么你最想得到什么样的奖励？也许是给自己买一件心仪的礼物，也许是吃一顿美餐犒劳自己，不管是哪一种方式，都能给你带去愉悦感，让你觉得自己所做的努力是值得的。

可如果你的行动证明你总是克制不了拖延的毛病，那么你最不想面对的是什么？或许，是自我惩罚吧！毕竟，没有人愿意接受惩罚。但是，在克服拖延的过程中，惩罚措施也是不可或缺的。

奖励是对某一种行为给予肯定和表扬，而惩罚是为了减少和消除某种行为再次出现的可能性，两者的目的都是为了激励个人做出正确的行为，属于强化手段。

可能你会问：这么做有效吗？

心理学家斯金纳曾经用8只鸽子作为实验对象，为我们找到了问题的答案。

实验的最初，斯金纳只给鸽子喂很少的食物，让鸽子处于一种饥饿的状态中，以增强它们觅食的动机，让实验效果更明显。随后，他把鸽子放进专门设计的箱子中。这个箱子里有食物分发器，设定每隔15秒就会自动放出食物。为此，不管鸽子在做什么，每隔15秒就能得到一份食物，这是对它们之前行为的一种强化。

接下来，斯金纳让每只鸽子每天都在实验箱里待几分钟，对其表现出来的行为不做任何限制，只是观察和记录它们的行为表现，特别是在两次食物放出期间的行为表现。结果，一段时间后，鸽子在食物发出之前的时间里，做出了一些奇怪的误导行为：有的在箱子里逆时针转圈，有的反复将头撞向箱子上方的一个角落，还有头部前伸、身体大幅度摇摆。

斯金纳认为，鸽子的这些行为是强化的结果。在鸽子的理解中，是因为它们做出了这样的行为，才有了之后的奖励——食物。为了再次得到食物，它们就更加努力地表演。为了证实这种假设，斯金纳后来停止向箱子里投放食物。起初，鸽子还是会一如既往地表演，但渐渐地，它们发现无论怎么表演都不会有食物时，就停止了那些动作。

斯金纳认为，人或动物为了达到某种目的，会做出一定的行为。这种行为的后果对其有激励作用，这种行为就会被强化，在以后的时间里反复出现。如果这种行为的后果为其带来了损失，这一行为就可

能会减弱或消失。

对拖延这件事，奖惩措施也会影响到行为效果。如果我们能有意识地、自觉地克服拖延行为，并给予相应的奖励或惩罚，那么自控力就能够得到强化，而拖延的行为也会得到改善。不过，我们不太提倡单纯用惩罚手段，因为它具有暂时性，我们应当更多地运用奖励手段。

◎利用进步本身奖赏自己

一位作者给自己制订了“周计划外日程表”，跟踪记录每天的实践情况。每当在达到目标的方向上实践了半小时后，他就会在计划表的表格上涂掉半方格。于是，表格中的颜色就成了成功的经验，激励他继续前进。他无须一再对自己发誓什么时候开始工作、明天要工作多久，只要每天抽出时间工作一会儿，就能得到“半方格”的奖励。这种心满意足的感觉，促使着他总想多做一点，且写作灵感也越来越多。

◎利用社交奖励政策鼓舞自己

在克服拖延的过程中，每完成一个阶段性的目标，都可以运用社交奖励。比如，给朋友打电话聊聊天，或是约出去散散心；在结束一天的有效工作后，跟家人去看一场电影；在完成一个大项目后，给自己安排一次旅行。

◎把“借口”转化为“奖赏”

当你想拖延不去做一件事时，你可能会找借口说“我饿了”，这个时候提醒自己说：先做2小时，做完后再去吃东西。如此一来，拖延的借口就被转化成克服拖延的奖赏。

无论用哪一种奖励策略，都要记住一点：你奖励的是自己的努力和坚持，而不是结果。因为，我们在拖延的情况下，也有可能完成任务，并得到良好的结果。我们要做的，是对所采取的每一个步骤进行奖赏，而不是只奖赏最后的完成。

方法43 把自己想象成不拖延的人，你就开始朝这个方向走了

［拖延者自白］

望着一座山似的艰巨任务，心里就开始犯嘀咕：“这么复杂的事，我能做好吗？我会不会做到一半时，发现自己根本没能力完成？”每次有了这样的想法之后，就不想去碰触这个任务，甚至会找借口推掉或拖延。

这是一个真实的故事：一匹名为“格里尔”的良种赛马，早年多次获得过赛马的佳绩，后被人视为1902年7月的竞赛中的种子选手。由于它获胜的可能性极大，因此得到了精心的照顾，并被广告宣传有可能打败另一匹优势赛马“战斗者”。

1902年7月，在阿奎德市举办的德维尔奖品赛中，这两匹马终于相遇了。

那天是一个盛大的日子，所有人的目光都盯着起点，大家都清楚，这将是“格里尔”和“战斗者”之间的一次殊死搏斗。在跑了1/4的路程时，它们不分上下，直至跑到3/4的路程时，依然难分胜

负。在仅剩余1/8路程的紧急关头，“格里尔”用力向前窜去，冲到了前面。见此情景，“战斗者”的骑手也急了，他在赛马生涯中第一次用皮鞭鞭打坐骑。

此时的“战斗者”，像是被人放火烧了尾巴一样，它猛冲到前面，与“格里尔”拉开了距离。相比之下，“格里尔”如同静静地站在那儿。赛马结束时，“战斗者”领先了“格里尔”整整7个身长。

“格里尔”原本是一匹精良的赛马，是一匹很有潜力的马。然而这一次的经历让它受到了重创，它的状态一下子从积极活跃转变成消极低沉，从此一蹶不振。在后来的所有竞赛中，它再没有过出色的表现，总是简单地敷衍一下，就退出了赛场。

人不是马，可与“格里尔”经历相似的人却不在少数。就拿拖延的问题来说，许多人都是因为过去的一些事情做得不够好，心态上发生了巨大的转变，一下子陷入消极沮丧中，对自己、对生活失去了信心，认定自己在其他方面也不会做好。

其实，这就是一种消极的自我暗示。一个人习惯在心理上进行什么样的自我暗示，就会成为什么样的人、过什么样的生活、有什么样的结局。如果你总是对自己说“我不行”“我会失败”“我肯定做不到”，你的脑海就会被这个预言紧紧包围，阻止你去做积极的尝试，总想着往后拖一拖，结果就真的演变成了所想的那样。

拖延的思维是一种消极的暗示，如果不摒弃这种暗示，就会掉进无限拖延的深渊。

英国著名的心理学家哈德·菲尔德曾经做过一个实验：在三种不同的情况下，让三个人全力握住测力计，以观察抓力的变化。实验证明：在清醒的状况下，他们的平均抓力只有100磅；当他们被催眠后，抓力就变成了29磅，仅为正常体力的1/3；当他们得知自己正在被催眠并赋予能量时，他们的平均抓力竟达到了140磅。

这说明什么呢？当人的心里充满积极的思想时，会激发出更多的力量！积极的暗示虽然不能保证让人凡事都心想事成，但一定能够改变生活方式。平时，要多注重培养自己的积极心态，多给自己一些正面的暗示。

◎把自己想象成高效能的人

卡耐基曾经说过："一个对自己的内心有完全支配能力的人，对他自己有权获得的任何其他东西也会有支配的能力。"当你开始运用积极的暗示，把自己想象成为一个不拖延、做事高效、出色地应对一切问题的人时，你就已经开始在朝着这个方向走了。

◎用积极的言行感染他人

当你的言行逐渐变得积极时，你会获得一种非常美好的体验，目标感也会变得越来越强。很快，别人就会被你吸引，因为每个人都喜欢和正能量的人在一起。运用别人的积极响应来发展积极的关系，是十分奏效的办法，你也能帮助他人获得正能量，继而强化自己的积极行为。

◎经常运用积极的提示语

所有能够激励你思考和行动的语言，都可以成为自我提示语。当你经常运用这些词的时候，它们会成为你信念的一部分，潜意识也会映射

到意识中来，用积极的心态来指导你的思想，控制情绪。当你遇到问题想逃避、想拖延的时候，不妨对自己说：“克服一下，肯定能做好……”习惯之后，每次遇到类似的情形，你就会不自觉地产生这样积极的信念。

方法44 生活不能由着性子来，每天做点自己不愿意做的事

［拖延者自白］

对于那些不太喜欢的工作任务、学习要求，总是想着把它放到最后再去做。可现实往往是，到了最后那一刻，更加地不想动弹，既没有动力，也没有意志力了。

美国心理学家简·博克说：“我们认为，人们之所以产生拖延的不良习性，是因为他们害怕。他们害怕如果行动了，他们的行为会让自己陷入麻烦。”

对拖延症患者来说，这真是一语中的。

刚升为市场部经理的X，每天都觉得事情多到做不完。上司让他周一递交一份市场分析报告，他心里很清楚这件事的重要性，尤其是作为一个新上任的市场部总经理，这直接关系到公司对他个人的绩效考核。

然而，X打心眼里厌烦做市场分析，大量的资料和数据让他头疼，何况还有很多其他的工作等着他。面对这些事，X烦躁不已，他开始漫不经心地看业绩报表，布置市场开发任务。等把所有的工作都

安排好之后，已经是周日了，这时他才想起做市场分析报告。

刚对着电脑一会儿，他就有了倦意，于是冲了杯咖啡，回到电脑前，朋友打来电话叙旧，又耽误了半小时。他的思绪全被打乱了，脑子里一片空白，对着电脑不停地发呆。就这样，看看网页，写点东西，很快一天就过去了，他的市场分析报告才完成一半。

从潜意识的角度来说，X会拖延，是再正常不过的事，因为他内心抗拒这件事，不想做这件事，担心影响自己的绩效考核，所以他选择了拖延。不去做、没做完，就不必面对现实，至少不用那么快地面对现实。

有些时候，我们心里非常清楚，工作量不是很大，只是情绪中包含着太多的厌恶和抵触，因而，要完成一件自己不太喜欢的事，必须要对情绪进行梳理。厌恶一件事，可能是因为我们能力不足，或者是工作本身超出了自己正常的工作范围，所以才会产生情绪上的抵触。

如果真是这样，那我们必须告诉自己：这件事是我所担心的，但我必须面对。此时此刻，就是自己的承受力和压力之间的对峙。当人意识到一件事非做不可的时候，往往就会抛开担心，选择行动。

人都有一种习惯，会根据事情本身的轻重缓急，然后再根据具体情况选择不同的策略。这个思路显然没错，可实际情况是，很多重要而不紧迫的事，往往因为时间要求不那么急，就一再被拖延着，始终没时间去做，甚至越拖越糟，到了不可收拾的地步。

对待厌恶的事宜，想不被拖延耽误，最简单的办法就是给它贴上A＋的标签，将其列为最重要的工作，把它放在精力最充沛的时间段去完成。当把这件事处理完后，到了中午时分可以稍作休息，再继续下午的工作。想一想：最不喜欢、最不想做的事，都已经被处理掉了，心里该是多么轻松？带着这样的心情去做其他事，就会觉得是一种享受。

事实上，很多被厌恶的事情，往往是对人最有利的。人这一辈子最大的敌人是自己，最妨碍成功的是各种陋习。这些陋习来自哪儿呢？就是内心不肯离开的“舒适区”。要戒除拖延自己做厌恶之事的习惯，就要每天尝试着去做一些自己不太喜欢的事，慢慢地培养成习惯。

马克·吐温说过：“每天去做一点自己心里并不愿意做的事情，这样，你便不会为那些真正需要你完成的义务而感到痛苦，这就是养成自觉习惯的黄金定律。”

可能你不太喜欢做数据分析，看到数字就烦恼，但你的工作要求你必须接触它。面对这样的情况，不妨每天玩一会儿数独游戏，看看财经报道，慢慢消除对数字的抵触情绪。过段时间后，你会发现，做数据分析没那么痛苦了，也开始习惯优先处理它，因为做完这件事后，剩下的都是自己比较喜欢的，心理压力会小很多，拖延的问题也会减轻。

生活总不能让我们由着性子来选择，总得去面对一些不太喜欢的东西，做一些跳出舒适区的事情，过程虽充满了痛苦，可最终的结果是美好的。那些看起来强壮、精力充沛、事业有成的人，也未必有什么地方优于常人，可他们通常都有强大的自控力和意志力，能克服自己的恶习，不因心理上的厌恶而拖延。这是一项重要的自我修炼，谁能做到，谁就是强者。

A+
背英语
游泳
洗碗
最不想做的已经完成了！剩下的都很轻松！

方法45 拖延不一定是因为懒，但是懒一定会导致拖延

【拖延者自白】

早知道这件事应该去做，也知道用什么样的方法做，更知道做完之后能得到的好处，可就是迟迟不肯行动。喜欢自由自在不付出的生活状态，是不是人的本能？

在经济学家乔治·阿克洛夫身上曾发生过一件事，也正是因为这件事，才让他享誉盛名。

当时，乔治还在印度生活，有一次，他的朋友约瑟夫·史蒂格利茨来访。当约瑟夫完成了在当地的工作，并跟乔治叙完旧之后，约瑟夫还要去其他地方，不方便带行李，就留下一箱子衣服，希望乔治帮他寄回美国。

当时，印度的官僚作风很浓，大家都拙于做这样的事。所以，想把这箱子衣服寄回美国有点麻烦，弄不好就得花费一天的时间，乔治懒得去做。于是，他就一直拖着，时间一周一周地过去，他也没有去邮寄。没想到，这一拖就是八个月，此时他结束工作要回美国。这

回，乔治彻底没辙了，刚好这时他的一位朋友要往美国寄点东西，他就拜托朋友去办这件事，自己提前回了美国。

可是，当乔治到了美国之后，那箱衣服依然没有到。乔治很清楚，说自己犯了拖延症，他因为这个发现而一下子说明了之前大家从来不知道的拖延症问题，并因此得了诺贝尔奖。我们倒不必羡慕他因拖延而得奖，只是应该看到，拖延真的是不分年龄、国家、身份和地位的。

说到乔治·阿克洛夫的拖延，有当时社会环境的影响，但从最后他处理问题的方式上，我们也不难看出，他印证了一句话："人在可以懒的时候，不会不懒。"

拖延的种类有很多，但在若干种拖延中，懒惰是最常见的。拖延不一定是懒惰，但懒惰肯定会拖延，两者结合在一起，就能成为一个把身体和灵魂掏空的"借口"，让人生变成空无一物的寄生状态。懒惰会让人上瘾，越是懒就越不想做，越不想做就越拖延，结果自然是两手空空。

心理学家乔治·哈里森说过：拖延是一种不能按照自己的本来意愿行事的精神状态，是缺乏意志力的表现。尽管意志力和拖延看起来似乎没有多大的因果关系，但拖延的确是人在惰性心理影响下导致行动力减弱而形成的一种陋习，让人一步步地"耗下去"，最后一事无成。

有个故事讲到，一户农家的田里有块石头，一直影响着耕种 。年幼的儿子问父亲："我们为什么不把这块石头挖出来呢？"父亲懒懒地说："谁知道这块石头有多大呢？它在这里埋了那么久，以后再说吧！"

这一等就是十几年，儿子长大了，娶了媳妇。媳妇到田里送饭时，被那块石头给绊倒了。气急败坏的她质问丈夫："这石头多碍事，为什么不给它搬走？"丈夫说："谁知道它埋在地下有多深，回头再说吧！"

媳妇是个倔强的人，根本不信丈夫所说。第二天，她就带着工具去挖石头。她本想着，一天挖不完的话就用两天，还带着中午的干粮。没想到，她才抡起工具刨了没多久，石头就被挖了出来，它埋在地下的部分根本就没多深。

你看，拖延就是懒惰的纵容者，不仅会形成习惯，还会消磨人的意志，甚至使人怀疑自己根本没有能力做成一件事，时间长了就更不敢去尝试了。

爱因斯坦说过，成功的秘诀有一个公式：A=X+Y+Z，X代表勤奋，Y代表正确的方法，Z代表少说废话。显然，他在提醒我们：想要成功就得找对方法，用心去做，少说没用的话。

如果我们都能这么做，何来拖延、懒惰呢？更何况，拖延与懒惰就像骑师和坐骑，要么你去驾驭生活，要么让生活驾驭你，一切全在你的选择。

方法46 别贪恋熟悉的奶酪，到“最优焦虑区”去挑战自己

［拖延者自白］

我想过改变现状，去做一些全新的挑战。可每次到了即将实施的时候，内心又开始不安，不愿意告别眼下的生活模式，也害怕承担未知的风险和结果。越想越焦虑，越想越抗拒，到最后只好安慰自己说：再等等吧！

“我们每个人的内心都有自己想要的‘奶酪’，我们追寻它，想要得到它，因为我们相信，它会带给我们幸福和快乐。而一旦我们得到了自己梦寐以求的奶酪，又常常会对它产生依赖心理，甚至成为它的附庸；这时如果我们忽然失去了它，或者它被人拿走了，我们将会因此而受到极大的伤害。”

这段话摘自《谁动了我的奶酪》一书，看似在说“奶酪”，实则在谈心理舒适区。

从专业心理学方面来讲，这里所说的“舒适区”是指活动与行为符合人们的常规模式，能最大限度减少压力和风险的行为空间。从人

的自身感受来说，舒适区能够让我们处于心理安全的状态，能够降低内心焦虑，释放工作压力，且更容易获得寻常的幸福感。

要想避免“安逸致死”的悲惨命运，就必须远离舒适区，到“最优焦虑区”去挑战自己、锻造自己。焦虑区不同于舒适区，它处于舒适区之外。如果我们无法走出舒适区，那么缺少了外界压力的刺激和适度焦虑的推动，我们就会陷入拖延的行为模式而无法自拔。

举个例子来说，有些人害怕孤独，喜欢有人陪伴，得到他人的支持和爱，这是他们的心理舒适区。因而，他们就会在需要独立处理的事情上选择拖延。

S在讲述自己的考研感受时说：“如果有人跟我一起去图书馆学习，我会很认真地看书、做题，把当天的任务全部搞定才离开。可如果是我自己去图书馆，我会懒懒散散的，一会儿听歌，一会儿玩手机。我需要有人监督我，让我一个人待着，我连一页单词也背不下去。”

H也有同样的感受。团队协作时，他满脑子都是创意，干劲十足，总能很好地完成任务。可当他一个人待在办公桌前时，就大脑一片空白，只会在网上乱逛，他需要有人激发自己的思维。

在心理舒适区的问题上，有人畏惧孤独，也有人畏惧成功。关于后者，可能有人不太相信，可实际上这种情形是真的。很多人在潜意识里的确存在对成功的恐惧，也正是这种恐惧，阻碍了他们的行动，让他们以拖延的方式进行着抵抗。

有一些研究生经常会拖延论文答辩的时间，因为他们不想放弃对大学的依赖，不想离开自己的导师。在他们看来，研究生院是能够获得指导的最后一站，他们很需要这种指导，否则不知道该如何在一个成人的世界里立足。

职场中也有类似的情况，比如要离开一个带领自己从稚嫩到成熟的老板，有些人也会犹豫和拖延，即便彼此间的关系已经不像当初那样，但他们依然留恋其中。在拖延中继续维持着原来的关系，这其实让他们错过了不少实现自我的机会，可他们宁愿停留在旧的关系中，就是因为走出去就意味着要远离心理舒适区。

还有一些人，总让自己陷入可怜的境地中，等待着他人的救赎。他们总相信，只要等的时间足够长，制造的麻烦足够大，总会有人奇迹般地出现在自己面前，帮自己把那些讨厌的、害怕的事情全都搞定。有时，这样的事情确实会发生，但人不总是那么幸运。

有一位离婚的女士，总是在财务的问题上拖沓。最后，她意识到了问题的根源，那就是她很希望生活中出现一个男人帮她处理这些问题。如果自己处理的话，就意味着要告别依赖他人的模式，真正开始依靠自己，她很害怕再没有人来关心自己。

说到底，上述的这些拖延表现虽然不尽相同，但其本质是一样的，那就是保持原有的生活方式，停留在自己熟悉的心理舒适区内，哪怕知道它已经不再适用，甚至给自己造成了麻烦，也拒绝做出改变。因为这样多少能让自己感到安全和舒适，哪怕一切只是幻象。

可惜，太多“过来人”的经历告诉我们，逃避和拖延不是解决问题的办法，它只会制造出更多的遗憾，让自己丧失更多的可能性。正所谓，不破不立，只有打破原有的心理防线，才能逐渐扩大心理领域，彻底地改写生活。

方法47 拖延是虚幻的避风港，真正的暴风雨依然会来袭

［拖延者自白］

为什么拖延着不去做那件重要的事？为什么明明期待好结果，最后却选择了放弃？因为，选择做一件事，无论结局成败，都得全盘接受。如果不去做的话，就不必去承担那个坏的结果了，也不用去面对失败带来的沮丧。

经常有父母在大考之前带孩了去做心理咨询，咨询的问题如出一辙：原本成绩优秀的孩子，在即将“上战场”之际，突然变得情绪烦躁、不爱学习了，要么整天打游戏，要么声称不想去上学，更有甚者出现了身体上的问题，而医生的诊断却说没什么大问题。

当然，出现这种问题的原因不一，但其中有一大部分的孩子拖延着不去备考的原因，是太渴望有一个理想的成绩，又担心自己达不到，无法面对“万一失败”的事实。

1983年，美国加利福尼亚州的临床心理学家简·博克和莱诺

拉·尤思博士研究得出：害怕失败是拖延的原因之一。时隔二十几年之后，也就是2007年，结合过去多年来对拖延症的研究，卡尔加里大学的皮尔斯·斯蒂尔博士又发现：害怕失败跟拖延有一定的关联，害怕失败会让一些人拖延，不想行动；同时，也会让一些人积极采取行动，不拖延。

至于恐惧在拖延症中所起到的作用，2009年卡尔顿大学的提摩西·A.派切尔教授带领两位研究生通过研究验证：导致拖延症的恐惧是多方面的，有人是因为缺乏信心而拖延；有人是害怕表现不好丢脸、伤自尊而拖延；还有人则是害怕自己失败了，会让自己最在意的人失望，所以才拖延。

有一个女孩，前一年考研失败，又重新准备一年，她内心充满了担忧：这次要是再失败，该怎么面对父母？会不会让他们感到很失望？会不会被周围的同学嘲笑？她陷入了极度焦虑的境地，脑海里不断出现别人对她感到无望的画面：准备得不好；头脑不够聪明；父母失望的神情……虽然这些事情还未发生，却已经给她造成了极大的困扰，不知道如何应对的她，就干脆拖延着，不再做任何努力。

这样的问题，你是否也遇到过？或者说，正在经历这样的煎熬？冷静下来想想，当你被这种恐惧感紧紧包裹的时候，你又怎么可能如愿以偿地完成任务？你的生活又怎么不会陷入瘫痪的状态？拖延和逃避，看似是一个“避风港”，但真正的暴风雨依然会来，躲在那个虚假的幻象里，你永远不可能穿越风雨，看到一个充满力量的自己。

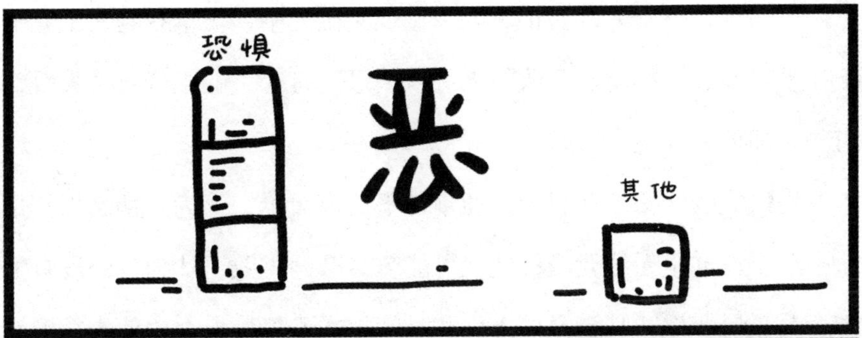
恐惧
恶
其他

过去
未来

坦白说，每个人都害怕失败，在现实生活中，很难找到一个完全不在乎输赢、不拘泥于成败的人。只不过，有些人能正确对待失败，有些人却把失败视为深渊。

畏惧失败的拖延症患者，通常都坚信宿命论，认为一切结果都是命中注定，谁也无法改变；他们可能曾经遭遇失败，认为自己没有能力应对任何变化，甚至觉得人生和时间根本不可控，全由他人掌握。试想一下：抱着这样的信念去生活，人生怎会不失败？

所谓的命运，不过是强迫性重复一种错误的思维和行为。尼采说过："世间之恶的四分之三，皆出自恐惧。是恐惧让你对过去经历过的事苦恼，然后惧怕未来即将发生的事。"

当一个人能做到不念过去、不畏将来，信得过自己，凡事尽最大的努力，也就没空胡思乱想失败后的情况，更没心思去焦虑和拖延了。说真的，谁能预料明天呢？任何人能做的，都是把握现在。

方法48 克服恐惧的办法很简单，行动起来就不会害怕了

［拖延者自白］

我有强烈的“选择困难症”，害怕自己所作的决定是错的，为了避免这种风险，我会拖延决断的时间。可我也知道，该来的总会来，害怕是没用的。

英语中有一个词“abulia”，有“丧失意志”的意思。这个词源于希腊语，本意是“缺失”和“意见”，现在它经常指丧失意志或精神衰弱。生活中很多人都因缺少做决定的勇气，被懦弱和拖延掌控着，渐渐地失去了自我。

我们都知道，生活类似一道接一道的选择题，一旦做了选择就不能再修改，因而每一个选择，都在某种程度上决定着人生。为此，很多人在面对选择的时候犹豫不决，纵然在万般无奈下做了选择，也会质疑自己的决定，总在想如果当初做了其他的选择，结果会不会比现在更好。为了避免这种后悔的情绪，他们干脆在该做选择的时候本能地选择逃避，尽力拖延决断的时间。

D先生二十几岁时就想在市区买一套房子。当时他在一家外企就职，薪资不菲，几年下来攒了一笔可观的积蓄。他对房子的要求很高，不仅要求地段好、楼型好，还很注重格局和物业，甚至连隔壁住的是什么人都很在意。

看了不少房子后，D先生突然发现，依照自己的实际情况，要么选择市区的小户型，要么选择郊区的大户型。小户型地段好，但房子的格局没那么理想；郊区的大户型住着舒服，只是交通不够便利。为此，他一直在两者之间徘徊着，不知该怎么选。

二十几岁的日子一晃就过去了，房价也开始噌噌地涨。D先生开始觉得，房产的泡沫太大了，自己手里的那些钱，起初能支付一半的首付，如今却只够三分之一。不过，此时还有选择的余地，可他又担心房子买到手之后，自己的生活质量会下降，想到自己还要结婚生子，心里更是焦虑不堪。就这样，D先生继续租房住着，每月拿出一笔不算小的开支应付房租。

看到D先生的例子，不少人在想：他为什么会如此犹豫？

其实，犹豫是由怀疑、焦虑、恐惧等心理引起的，犹豫的人通常都很容易受到消极行为的纠缠。他们难以做决定，做事拖拖拉拉，逃避锻炼自己勇气的机会，通常都只是被动地承受，从不会主动出击。

犹豫的人害怕被否定，担心自己的决定是错的。说真的，错了又能怎样呢？积极者和消极者的人生之所以不同，就在于他们面对错误的态度不一样。消极的人总是尽量不再做其他决定，积极的人却会吸取经验教训，勇往直前。

拖延、犹豫产生的恶果是什么？迪亚·吉普森博士最有发言权，她是人寿保险公司的精神病学专家，帮助过许多大公司的员工解决私人问题。她说："一般来说，人们犹豫的根源在于焦虑。在财富方面产生的忧虑，是因为我们还没有明确自己的定位；在复杂的问题上产生的忧虑，是因为我们还不知道该如何入手解决；我们害怕自己患上什么病，却不去看医生。若一个人一直这样反复无常、犹豫不决，挫败感就会积累到极限，最终精神崩溃。"

时常陷在焦虑和犹豫中，对精神是一种巨大的折磨，会让人无法正常思考。严谨是好事，但顾虑太多，就会把微不足道的因素当成重要的事情来考虑，从而无法开始行动，一直在拖延中煎熬。

没有游过泳的人会一直站在水边，没有跳过伞的人会一直站在机舱门口，他们都是越想越害怕，在"做"与"不做"之间挣扎。其实，要治疗拖延、克服恐惧的方法很简单，那就是行动，行动起来就不再害怕了。

方法
49

犹豫不决的人，永远找不到最好的答案

［拖延者自白］

也许是太想要一个美好的结果了，每次要去做一件事情时，总是徘徊、犹豫很长时间，希望能借助拖延的时间，来换取多一点把握。然而，越拖越忧心，越拖越不敢做。

约翰·戈达德在8岁生日那天，收到了祖父送的一份礼物：那是一幅被翻得卷了边的世界地图。从此，那张地图给他带来一个全新的世界，开拓了他的视野，为他插上了梦想的翅膀，使他开始了传奇般的人生。

约翰·戈达德在望着那张地图的时候，萌生了很多的愿望：到尼罗河、亚马孙河和刚果河探险；驾驭大象、骆驼、鸵鸟和野马；读完莎士比亚、柏拉图和亚里士多德的著作；谱一部乐曲；拥有一项发明专利；给非洲的孩子筹集100万美元捐款；写一本书……总共有127个愿望，后来他把这些心愿都写在励志的自勉书《一生的志愿》里。

其实，这里面的很多心愿，绝大多数人都曾有过，但也仅仅是有过而已，没有几个人真正尝试去实践它，总是在犹豫中观望，对未知的东西存有太多的恐惧，不断地拖延着。

可是，约翰·戈达德不一样，他不愿意让梦想随着时间的流逝而被搁浅，对自己想去的地方、想做的事情，他没有半点儿犹豫，全部按照自己内心所想去规划行动。

44年过去了，书中的梦想一个接着一个地成为现实。约翰·戈达德实现了106个愿望，成了一位著名的探险家。

从天资条件上来说，正常人之间的差别很细微，几乎没什么区别，可最终能抵达的高度、做出的成就，却有天壤之别。原因很简单，那些有所成就的人全都像约翰·戈达德一样，没有用想象去吓唬自己，也不会瞻前顾后，想做一件事就果断地去做。一事无成的人总是习惯犹豫徘徊，无限拖延，或是出于不自信而踌躇不前，或是害怕把事情办砸了被人耻笑，或是出于个性的懒散而更愿意按部就班地混日子，结果蹉跎了人生。

一位经销商准备从大流通转向终端销售。偶然的一次机会，他在糖酒交易会上发现了一件产品，与厂家进行了一番沟通后，他详细地了解了厂家的市场开拓思路和营销策略。回到公司，他对现有的资源进行了认真的思索，觉得这件产品的市场机会、销售渠道和营销策略，会更适合自己需要转型的发展思路。

可是，要放弃轻车熟路的大流通市场去做终端，他心里还是有一丝不舍，况且终端销售比起大流通更为复杂，他也缺乏相关经验。

这么一想，他就犹豫了，把那个想法搁置了起来。直到有一天，他从繁杂的事务中走出来，去做市场考察，才发现这件产品已经遍地开花了，且代理产品的那家公司过去在业务上比自己差很多，而现在的规模早已不是自己能赶超的了。

机遇是有时间限制的，需要当机立断才能抓住。当年，贝尔跟格鲁几乎同时发明了电话，可是贝尔果断地申请了专利，结果他成了大富翁和科学家，而格鲁基本上算是默默无闻。机不可失，时不再来。在机遇面前，永远都是进一步海阔天空，退一步则波澜不惊，得有壮士断腕的果断勇气和破釜沉舟的冲天豪气，以及迅疾如虎的执行速度。

人生有很多机会，关键时刻只要果断抓住一次，就可以改变命运。在生活和事业的博弈中，也不允许有半点的迟疑和犹豫，只有当机立断，第一时间付诸行动，才能斩获更多。恰如诗人歌德说过："犹豫不决的人永远找不到最好的答案。"

高效的执行力需要的是果断的行动，而不是犹犹豫豫的考量。当你在犹豫中拖延时，成功已经划过你的指尖，再也不会回来了。所以，一旦确定了工作目标或者某种方案，就不要患得患失、瞻前顾后，要有魄力，说干就干。世上本来就没有把握十足的事情，不要因为害怕做不好而束缚住自己的手脚，让机会在优柔寡断中白白失去。